Jakob Weinbeck

GERDA ADLHOCH

Jakob Weinbeck

Spuren eines Lebens in Donaustauf
1882–1967

Für uns, die Battenberg Gietl Verlag GmbH mit all ihren Imprint-Verlagen, ist Nachhaltigkeit ein wichtiger Teil unserer Unternehmensphilosophie. Daher achten wir bei allen unseren Produkten auf den Einsatz umweltschonender Ressourcen und Materialien.
Dieses Buch wurde auf FSC®-zertifiziertem Papier gedruckt. FSC (Forest Stewardship Council®) ist eine nicht staatliche, gemeinnützige Organisation, die sich für die verantwortungsvolle und ökologische Nutzung der Wälder unserer Erde einsetzt.

Unsere Partnerdruckerei kann zudem für den gesamten Herstellungsprozess nachfolgende Zertifikate vorweisen:
– Zertifizierung für FOGRA PSO
– Zertifizierungssystem FSC®
– Leitlinien zur klimaneutralen Produktion (Carbon Footprint)
– Zertifizierung EcoVadis (die Methodik besteht aus 21 Kriterien in den Bereichen Umwelt, Einhaltung menschlicher Rechte und Ethik)
– Zertifikat zum Energieverbrauch aus 100 % erneuerbaren Quellen
– Teilnahme am Projekt „Grünes Unternehmen" zum Schutz von Naturressourcen und der menschlichen Gesundheit

Bibliografische Information der Deutschen Nationalbibliothek:
Die Deutsche Nationalbibliothek verzeichnet diese Publikation in der Deutschen Nationalbibliografie; detaillierte bibliografische Daten sind im Internet über <http://dnb.dnb.de> abrufbar.

1. Auflage 2022
© 2022 MZ Buchverlag in der Battenberg Gietl Verlag GmbH
ISBN 978-3-95587-422-3

Weitere Informationen zum Verlagsprogramm erhalten Sie unter:
www.battenberg-gietl.de

Inhalt

Das Ende der Weimarer Republik

Die NS-Zeit 1933–1945

Die Nachkriegszeit

Schluss

Vorwort

Liebe Leserinnen und Leser,

geboren 1882 – allein diese Jahreszahl lässt erahnen, dass der Donau-staufer Jakob Weinbeck kein einfaches Leben hatte. Erster Weltkrieg, Machtergreifung der Nazis, Zweiter Weltkrieg – und wenn man weiß, dass Jakob Weinbeck im Jahr 1928 in die SPD eingetreten ist, so ahnt man, dass auch das zu Problemen geführt hat. Die Lebensgeschichte Jakob Weinbecks verdient es, dass wir und nachkommende Genera-tionen uns erinnern: an schreckliche Zeiten, an dunkle Stunden – und an einen aufrechten Sozialdemokraten. So ist es gut, dass sich seine Enkelin Gerda Adlhoch aufgemacht hat, das Leben ihres Großvaters zu erforschen und für die Nachwelt festzuhalten.

Als Bürgermeister des Marktes Donaustauf und als Vorsitzender der Donaustaufer SPD blicke ich mit Ehrfurcht auf Jakob Weinbeck. Ich bin stolz, dass eine solche Persönlichkeit die SPD im Donaustaufer Gemeinderat vertreten hat.

Mein Dank gilt Jakob Weinbecks Enkelin Gerda Adlhoch, die viele Stunden investiert hat, damit das Leben und Wirken ihres Großvaters nicht in Vergessenheit gerät. Entstanden ist ein zeitgeschichtliches Dokument, das nicht nur eine Familiengeschichte, sondern einen Teil der Geschichte des Marktes Donaustauf erzählt.

Jürgen Sommer
Bürgermeister des Marktes Donaustauf
Vorsitzender der SPD Donaustauf

Form. II.

. . . . Bezirk.

Mel

des D-

für Fremde, welche von auswärts ank

Bei mir Endesunterzeichnetem ist heute im
Straße (Platz) *I l* Stock angeko

Vor- und Zunamen, Alter und Glaubensbekenntnis des Ange- kommenen (Geburtstag und -jahr).	
Beruf oder Arbeitsverhältnis.	
Ob ledig, verheiratet oder Witw.? Bei unselbständigen Personen sind Namen und Beruf der Eltern beizusetzen.	
Geburtsort und Verwaltungsbezirk.	

01

Die Kaiserzeit

Geburt

Donaustauf **1882**. Auf einem Bauernhof in der Oberpfalz ist er geboren. In der Marktgemeinde Donaustauf, einem idyllischen Ort an der Donau. In der Nähe von Regensburg, der UNESCO-Weltkulturerbe-Stadt, die für ihren mittelalterlichen Charme und ihren gotischen Dom bekannt ist. Donaustauf ist nur zehn Kilometer von Regensburg entfernt. Das 1994 erschienene Buch über Donaustauf charakterisiert den Ort als „moderne Marktgemeinde mit großer Vergangenheit".

Am **24. Juli 1882** kommt er in der damals noch nicht so modernen Marktgemeinde auf einem kleinen Bauernhof auf die Welt. Zwei Jahre nach dem verheerenden Donaustaufer Großbrand, bei dem 98 von 161 Wohngebäuden abbrannten. In seinem Geburtsjahr schließen die Mittelmächte Deutschland, Österreich-Ungarn und Italien den Dreibund, um Frankreich zu isolieren. In Bayern regiert König Ludwig II.

Die Rede ist von meinem Opa, Jakob Weinbeck. In der Marktgemeinde leben zu der Zeit überwiegend Arbeiter, Handwerker und Kleinbauern. Auf dem Burgberg, der nur ein paar Minuten zu Fuß von seiner Geburtsstätte entfernt ist, befindet sich eine mittelalterliche Burganlage. Und nur einen Katzensprung donauabwärts steht auf dem Bräuberg die Walhalla. Sie thront hoch über der Donau. Ein klassischer Ringhallenbau, der von 1830 bis 1842 im Auftrag des bayerischen Königs Ludwig I. von seinem Baumeister Leo von Klenze errichtet wurde. Vorbild für den Ruhmestempel war das berühmte Parthenon auf der Athener Akropolis. Im Inneren des Gebäudes sind Büsten und Gedenktafeln von berühmten Herrschern,

Wissenschaftlern und Künstlern ausgestellt. Die „Akropolis" an der Donau ist ein beliebtes Ausflugsziel. Will man sie besichtigen, kann man von der Donauseite aus 251 Stufen (von insgesamt 479) hochsteigen. Bequemer erreicht wird das Bauwerk mit dem Auto. Steht man vor dem Eingang, einem großen Aussichtsplatz, eröffnet sich ein phantastischer Blick auf die Donauebene. An Föhntagen kann man sogar die Gipfel der Alpen bewundern.

Walhalla mit St. Salvatorkirche und Donaulandschaft, 1937 (aus: Donaustauf, hg. von Markt Donaustauf 1994, S. 146)

Bruder Georg

Im April **1885**, fast drei Jahre nach seiner Geburt, bekommt Jakob einen Bruder. Er wird auf den Namen seines Vaters Georg getauft. Jakob ist noch nicht ganz fünf Jahre alt, als er seinen zweijährigen Bruder verliert. Das Kind verbrüht sich, als es in der Küche einen Topf mit kochendem Wasser vom Herd zieht. Der kleine Georg stirbt am **7. März 1887** an den schweren Verbrennungen. Ein Drama für die Eltern.

1886 beginnt in Donaustauf der Bau eines der wichtigsten Bauwerke: der eisernen Donaubrücke.

Die Eltern

1854. In diesem Jahr bereitet sich München auf ein ganz großes Ereignis vor: Die „Erste Allgemeine Deutsche Industrieausstellung" im neu erbauten Glaspalast hat Premiere. Lokomotiven, Fabrikmaschinen, Fotoapparate sollen gezeigt werden. Der technische Fortschritt, für den sich König Max II. stark macht. Doch schon bald nach der Eröffnung Mitte Juli klagen Bedienstete und Besucher über Bauchschmerzen, Übelkeit und Durchfall. Die Cholera ist ausgebrochen. Zum Ärger der Wirte wird das Oktoberfest abgesagt. Die Landbevölkerung bleibt von dieser Krankheit weitgehend verschont.

Am **31. MÄRZ 1854** kommt Georg Weinbeck, der Vater von Jakob, auf die Welt. Im Alter von 27 Jahren heiratet er im **FEBRUAR 1881** die 36 Jahre alte Theres Heindl.

In der Heiratsurkunde wird als sein Beruf Gütler angegeben. Als Gütler bezeichnete man zu der Zeit jemanden, der ein kleines Haus hat und wenig Besitz.

Die Eltern der Braut haben ebenfalls einen Bauernhof in Donaustauf. Dort wird Theres im **FEBRUAR 1845** geboren. Sie bekommt von ihrer Familie eine stattliche Summe Geld. Das Heiratsgut kann Georg Weinbeck gut gebrauchen, weil er seine fünf Geschwister auszahlen muss. Er ist der älteste Sohn und erbt den Hof.

Über die Geschwister meines Urgroßvaters Georg Weinbeck wird in der Familie Folgendes erzählt:

Sein Bruder Johannes Weinbeck, der **1855** geboren wird, arbeitet einige Jahre in Regensburg als Kutscher beim Grafen Dörnberg. Eine in der Familie immer wieder erzählte Geschichte über ihn geht so: Johannes muss den Grafen zu einer Theateraufführung ins Regensburger Stadttheater am Arnulfsplatz bringen.

Anstatt vor dem Stadttheater das Ende der Vorstellung abzuwarten, geht er in das nahe gelegene Kneitinger Wirtshaus.

Dort trinkt er ein paar Bier und versäumt es, rechtzeitig am Ende der Vorstellung wieder bei seiner Kutsche zu sein. Der Graf muss warten und kündigt ihm daraufhin fristlos. Johannes Weinbeck wandert 1885 nach Amerika aus.

Über die Brüder Sebastian, Jakob, Franz, Karl und die Schwester Theres ist nichts weiter bekannt.

Doch zurück zu den Eltern von Jakob. Georg Weinbeck ist nach dem Tod seines Sohnes Georg untröstlich und gibt seiner Frau Theres die Schuld an dem Unglück. Die Ehe wird deshalb schwierig. Es gibt keine weiteren Kinder, was zu der damaligen Zeit in einer Bauernfamilie ziemlich ungewöhnlich war. Jakobs Mutter Theres stirbt mit 77 Jahren im April 1922. Sein Vater Georg überlebt seine Frau um 18 Jahre. Er wird 85 Jahre alt.

Stammbaum der Eltern von Jakob Weinbeck

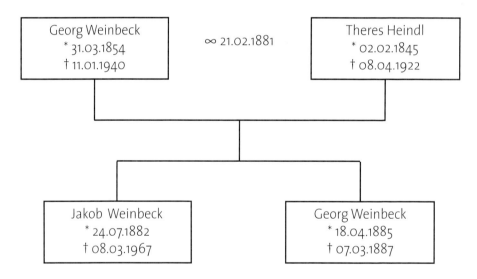

Georg Weinbeck
* 31.03.1854
† 11.01.1940

∞ 21.02.1881

Theres Heindl
* 02.02.1845
† 08.04.1922

Jakob Weinbeck
* 24.07.1882
† 08.03.1967

Georg Weinbeck
* 18.04.1885
† 07.03.1887

Schule und Beruf

Jakob wächst nach dem Tod seines Bruders als Einzelkind auf. Über seine Kindheit und Jugend ist nicht viel überliefert. Er soll sehr gute Schulzeugnisse erhalten haben. Das wird später von seinen Kindern erzählt. Vorhanden sind die Dokumente nicht mehr. Nach der Volksschule geht er von **1898** bis **1901** bei dem Regensburger Hoch-, Tief- und Eisenbetonbau-Unternehmen Frank & Hummel in die Lehre. Zu Beginn der Maurerlehre ist er 16 Jahre alt. Nach Abschluss der dreijährigen Ausbildung arbeitet er noch ein Jahr bei der Firma, bevor er zum Militär muss.

Arbeitsbuch Deutsches Reich von Jakob Weinbeck, Familienarchiv

Militärische Ausbildung

Im OKTOBER 1902, neun Wochen nach seinem 20. Geburtstag, wird Jakob Weinbeck zur verpflichtenden militärischen Grundausbildung nach Fürstenfeldbruck geschickt. Er tritt als Rekrut an. Militärisch ordnet man ihn dem Truppenteil 6. Chevaulegers-Regiment (eine leichte Reiterstaffel), 3. Eskadron, zu. Die „Eskadron" war damals die kleinste Einheit der Kavallerie. Da Weinbeck leicht und drahtig ist, passt er optimal für diese Truppeneinheit. Er bekommt einen Militärpass, der seine persönlichen Daten, Kriegseinsätze und Ehrungen enthält. Normalerweise dauert die Ausbildung bei der Kavallerie drei Jahre. Als besondere militärische Ausbildung gibt der Militärpass an: [Weinbeck] „ist mit der Lanze und dem Karabiner 16/88 ausgebildet".

Militärpass von Jakob Weinbeck, Familienarchiv

Jakob Weinbeck in Militäruniform mit einem Kavalleriedegen in der linken Hand, Foto: privat.

Weinbeck wird schon nach zwei Jahren und zweieinhalb Monaten, am **15. DEZEMBER 1904,** zur „Disposition des Truppenteils" entlassen. Im Oktober **1906** wird er zu einer 14-tägigen Übung einberufen. Am **1. APRIL 1910** tritt er zur Landwehr über. Nach der Grundausbildung arbeitet Jakob Weinbeck ab 1905 fast fünf Jahre wieder als Maurer in Donaustauf. Am **20. SEPTEMBER 1908** wird in der Marktgemeinde die Lungenheilstätte eingeweiht, die zur Tuberkulosebekämpfung dienen soll. Ob Jakob beim Bau mitgearbeitet hat, ist nicht bekannt.

Haus Orleansstraße 67 in München am Ostbahnhof, Foto: G. Adlhoch, 2017

In München

Im **November 1909** geht mein Großvater als Saisonarbeiter zunächst nach Dachau bei München. Warum er Donaustauf verlässt, ist nicht überliefert. Womöglich gibt es in der Oberpfalz nicht genug Arbeit oder er bekommt in Dachau mehr Lohn.

Acht Monate später wechselt er von Dachau nach München. Ab **16. Juli 1910** verdient er dort als Maurer sein Geld. Er wohnt in der Nähe des Ostbahnhofs. Frau Wutz vermietet ihm in der Orleansstraße 67 ein Zimmer. Nach fast einem Jahr, am **13. Juli 1911**, verlässt Jakob Weinbeck München.

Quelle: Stadtarchiv München: PMB W 111

Melde-
bogen von
München,
Stadtarchiv
München
DE-1992-
PMB-W-111

Form. B. Kl. II.

Angelegt am *9.* ten *August* 19 *10*   Legitimation:

Akten Nr.

vorgezeigt
hinterlegt
ausgehändigt
am

Familien-
und Vornamen: *Weinbeck Jakob*

Religion
kath.

ob ledig, verheirat.
geschied. verwitw.
ob getrennt lebend?
ledig,

Beruf:

Abstammung:

eit und Ort der
Geburt: *24. Juli 1882, Donaustauf*

Heimatgemeinde
-behörde, bezw.
taatsangehörigkeit: *Donaustauf B.-A. Stadtamhof*

Hier seit: *16. / Juli* 19 *10* zuletzt im ständigen Aufenthalte in *Dachau*

Ehe geschlossen am . / . l. . . zu

lt. . . . . des . . . -Amts . . . . . . mit:

. . . . geborene . . . .

geboren zu . . . .

Relig. | Legitimie-
rung
bezw. Ver-
ehelichung
der Kinder:

Familien-
Glieder:

Kinder:

Steuer: Min.-Bekanntmachung v. 4. I. 1900,)
Steuer betreffend, eröffnet
am . . . / . . 19 . :

Q. u. *Fak. ob. Weinbeck.*

Bemerkungen:

Wohnungen siehe Rückseite.

Form. 109.

Zellengefängnis Nürnberg

Was hat meinen Opa veranlasst, München so plötzlich den Rücken zu kehren?

Das in der Familie gut gehütete Geheimnis lüftet sich, wenn man seinen Militärpass genau liest. Beim Durchblättern kommt man unter der Rubrik „Meldungen und Beurteilungen" auf den Eintrag: „Zellengefängnis Nürnberg, 28. Aug. 11". Dieser Eintrag weckte meine Neugierde. Er war Anlass zu Spekulationen und warf Fragen auf. Ich stellte Nachforschungen an. Gründe für seinen Gefängnisaufenthalt sind im Militärpass nicht angegeben. Eine Anfrage im Nürnberger Stadtarchiv nach Dokumenten ist erfolglos. Die Gerichtsakten und Unterlagen der Gefängnisverwaltung aus dieser Zeit existieren nicht mehr.

Die Messerattacke

Erst eine Recherche im Regensburger Stadtarchiv bringt Licht in das Dunkel, warum Jakob Weinbeck München verlassen und im Nürnberger Zellengefängnis einsitzen muss.

In der Vorabendausgabe Nr. 303 vom **20. Juni 1911** des Regensburger Anzeigers ist unter der Rubrik „Königliches Landgericht Regensburg" Folgendes zu lesen:

Körperverletzung. Jakob Weinbeck, Maurer von Donaustauf, z. Zt. in München, versetzte am 26. Dezember vor. Js. gelegentlich einer Zusammenkunft des Burschenvereins Donaustauf dem led. Maurer Joseph Ponkratz von Reifelding einen Stich in den hinteren Teil der rechten Schulter. Ponkratz war infolge der Verletzung 11 Tage arbeitsunfähig. Das Urteil lautete auf 6 Monate Gefängnis und wegen Tragens verbotener Waffen auf 8 Tage Haft. Das zu Gerichtshanden gekommene Messer wurde dem Einzuge unterstellt.

Gerichtsurteil, Regensburger Anzeiger vom 20. Juni 1911, Nr. 303, Vorabendblatt, „Königliches Landgericht Regensburg", Stadtarchiv Regensburg

Tatmotiv

Die Gründe, warum mein Großvater bei der Versammlung so hitzig und aufbrausend ist, dass er bei der Rauferei sein Messer zückt und riskiert, hinter Gitter zu müssen, waren nicht mehr zu ermitteln. Gerichtsakten, die das Geheimnis lüften könnten, sind nicht mehr vorhanden. Deshalb kann man nur spekulieren, was für eine Laus ihm da über die Leber gelaufen ist. Nachfolgende Überlegungen sind reine Mutmaßungen von mir.

Möglicherweise handelt Jakob Weinbeck aus Eifersucht. Sein Interesse gilt wohl zu der Zeit schon der jungen Maria Kollmannsberger. Sie wohnt ebenfalls in Reifelding, in der Nähe des Opfers, und kennt es mit Sicherheit. Es könnte sein, dass der Verletzte, Joseph Ponkratz, der bildhübschen Maria ebenfalls schöne Augen machte und Weinbeck auf den möglichen Rivalen eifersüchtig ist. Der Zeitungsbericht erwähnt, dass Ponkratz ledig sei. Auch Jakob Weinbeck ist noch nicht verheiratet. Und sicherlich ist im Wirtshaus reichlich Bier geflossen. Der Alkohol könnte die Hemmschwelle von Weinbeck gesenkt haben. Sohn Karl beschreibt seinen Vater als jemanden, der schnell aufbraust. Ein Streit um das bildhübsche Mädel könnte der Messerattacke vorausgegangen sein. Wutentbrannt über den Konkurrenten, der ihm vielleicht ins Gesicht gebrüllt hat „die Maria gehört mir", hat er sein Messer dem Nebenbuhler in die Schulter gerammt und zurückgegiftet: „Die kriegst du nicht!"

Die Gefängnisstrafe muss er im 1868 neu erbauten Zellengefängnis Nürnberg absitzen. Nach dem ehemaligen US-Gefängnis Alcatraz ist es das bekannteste Gefängnis der Welt. Bauherr war König Ludwig II. Das Gefängnis ist die erste Haftanstalt in Bayern, in der die Gefangenen völlig isoliert in Einzelzellen untergebracht werden. Die Fenster sind so weit oben, dass man nicht nach außen sehen kann. Weltweite Bekanntheit erlangte das heute denkmalgeschützte Gefängnis nach dem Zweiten Weltkrieg durch die dort stattfindenden NS-Hauptkriegsverbrecherprozesse. Während dieser sogenannten Nürnberger Prozesse wurden in diesem Gebäude Angeklagten des NS-Regimes wie Hermann Göring, Albert Speer und Rudolf Heß untergebracht. Zwischen 1933 und 1945 sollen wohl auch Verfolgte des Naziregimes inhaftiert gewesen sein.

Das Gerichtsurteil ist auf den **28. Februar 1911** datiert. Am 28. August, genau sechs Monate später, rückt Jakob Weinbeck im Nürnberger Gefängnis ein. Bis zum 20. Januar 1912 sitzt er seine saftige Haftstrafe ab. Er wird einen Monat früher entlassen. Vielleicht wegen guter Führung?

Noch am Entlassungstag fährt Jakob Weinbeck von Nürnberg direkt nach München. Dort bleibt er vier Wochen. Anschließend, vom **19. Februar** bis **16. März 1912,** lebt er in Donaustauf. Dann arbeitet der Maurer erneut bis **Dezember 1912** in der Landeshauptstadt. Er wohnt wieder am Ostbahnhof. Frau Bucher vermietet ihm in der Orleansstraße 39 ein Zimmer. Am 7. Dezember 1912 meldet er sich ab und fährt zurück in seine Heimat nach Donaustauf.

In diesem Jahr verbessert ein technischer Fortschritt das Leben der Donaustaufer Bürger. Der Ort wird mit Strom versorgt.

Heirat

Heiratsurkunde   F

(Standesamt) D o n a u s t a u f - - - Nr. 2./1913.)

Jakob W e i n b e c k , - - - - - - - - - -

ledig -

k a t h o l i s c h geboren am 21. Juli 1882 - - -

in Donaustauf, - - - - - - - - - - - - - - -

(Standesamt - - - - - - - - - - - Nr. - - - - - -.)

wohnhaft in Donaustauf, Nr. 116 - - - - - - - - - -

- , und

Maria K o l l m a n n s b e r g e r , - - - -

- -

ledig, katholisch, geboren am 11. Mai 1888, - - - -

in Kleidorf, - - - - - - - - - - - - - - -

(Standesamt - - - - - - - - - - - Nr. - - - - - -)

wohnhaft in Reifelding, - - - - - - - - - - - - -

- - - - - - - - - - - - - - - - - - - -

haben am 31. März 1913 - - - - - - -

des Standesamts Donaustauf - - - -

- - - - - - - - - - - - - - - - - -

- - - - - - - - - - - - - - - - - -

Donaustauf, den 15. April 1964.

Der Standesbeamte

Jn Vertretung: Eppe .

Gebührenfrei.

Form.-Nr. 11407 Heiratsurkunde F (1958)

Heiratsurkunde, Familienarchiv

Maria Weinbeck im Hochzeitskleid, 1913,
Familienarchiv.

Was hat meinen Großvater diesmal veranlasst, München nach einem Jahr zu verlassen? Vermutlich die Sehnsucht nach seiner Maria
und sein Plan, sie zu ehelichen.

Und sein Wunsch geht in Erfüllung. Knapp vier Monate, nachdem er
München verlassen hat, heiratet der 31 Jahre alte Jakob Weinbeck.

Am **31. MÄRZ 1913** wird die 25 Jahre alte Maria Kollmannsberger seine Ehefrau. Von einem misslungenen Duell mit dem Rivalen kann nicht die Rede sein. Joseph Ponkratz wurde von Maria nicht erhört.

Ziemlich genau neun Monate nach der Hochzeit kommt im **DEZEMBER 1913** das erste Kind, ein Mädchen, auf die Welt. Es wird auf den Vornamen der Mutter, Maria, getauft. Eineinhalb Jahre nachdem er München verlassen hat, kehrt der Ehemann und Vater abermals zum Arbeiten in die Landeshauptstadt zurück. Er wohnt vom **12. JULI** bis zum **4. AUGUST 1914** wieder bei Anna Bucher in der Orleansstraße 39. Ein kurzer Aufenthalt, der so sicherlich nicht geplant war.

Meldebogen von München, Stadtarchiv München, DE-1992-PMB-W-111

Erster Weltkrieg

Nicht eine Hochzeit, sondern der Beginn des Ersten Weltkriegs holt meinen Großvater diesmal ein und verändert sein Leben für vier Jahre grundlegend. Noch am Tag seiner Ankunft in Donaustauf, am **4. August 1914**, wird der 32-Jährige aufgrund der Mobilmachung an die Front nach Frankreich geschickt. Die erste Schlacht erlebt Weinbeck am **20./21. August 1914** in Lothringen.

Während er in Frankreich „Auf den Maashöhen", „Auf den Höhen von Apremont", „Im Priesterwald", in „Verdun" und an der „Somme" für Gott, Kaiser und Vaterland kämpft, geht in der Familie in Donaustauf das Leben weiter. Im Februar **1915** kommt Sohn Georg auf die Welt.

Feldpostkarte vom Januar 1918. Untere Reihe 2. v. rechts stehend: Jakob Weinbeck, Foto: Familienarchiv

Da mein Großvater zu Beginn des Krieges schon 32 Jahre alt ist und bei den leichten Reitern ausgebildet wurde, wird er vor allem bei der Pferdebetreuung und im Organisieren des Nachschubs eingesetzt. Aus heutiger Sicht ein Glück, denn vorne im Schützengraben hätte er wesentlich schlechtere Überlebenschancen gehabt. Zu dieser Zeit ist Weinbeck überzeugter Soldat und wahrscheinlich ein Befürworter des Krieges. Auf einer Feldpostkarte an die Familie steht: „Kanonendonner ist unser Gruß."

An Weihnachten **1917** befindet er sich laut seines Militärpasses bei Stellungskämpfen im französischen Flandern. Von dieser Front schreibt er seiner Frau Maria eine Feldpostkarte. Auf der Vorderseite der Karte ist ein Foto, auf dem ihr Mann und seine Kameraden abgebildet sind. Weinbecks Blick ist ernst, sein Gesichtsausdruck selbstbewusst.

Sofort ins Auge springen der auffallend dunkle Oberlippenbart und die fast schwarzen, kurzgeschnittenen Haare meines Opas.

Die Soldaten feiern in einem Unterstand Weihnachten. Dort sind sie für die Feldpostkarte fotografiert worden. Einige halten stolz einen steinernen Maßkrug in der Hand. Auf zwei Krügen ist die Aufschrift „1914–1918, Kronpr. Rupprecht von Bayern" zu erkennen.

Die Karte, die mein Großvater an seine Frau schickt, enthält folgenden Text:
> *„Liebe Maria! Schicke dir ein Bild aus unserer Weihnachtsstimmung. Es ist zwar nicht sehr schön ausgefallen. Sonst bin ich gesund noch und dies auch von dir hoffe. Es grüßt dich herzlichst dein dich lb.[liebender] Jakob."*

Die Hoffnung, dass seine Frau gesund ist, hat einen Grund. Sie ist wieder schwanger. Mit dem dritten Kind. Wie kann das sein, wenn der Ehemann im Krieg ist? Auf die Spur kommt man dem Geheimnis,

Laufende Nummer	Dienstgrad	Vor- und Zunamen	Religion	Ort (Verwaltungsbezirk, Bundesstaat) der Geburt / Datum der Geburt	Lebensstellung (Stand, Gewerbe) / Wohnort	Vor- und Familiennamen des Ehegatten. Zahl der Kinder. Vermerk daß der Betreffende ledig ist	Vor- und Familiennamen Stand ob. Gewerbe und Wohnort der Eltern	Truppenteil (Kompagnie, Eskadron, Batterie)
1.	2.	3.	4.	5.	6.	7.	8.	9.
172.		Weinbeck Jakob	kath.	Donau-stauf, z. A. Pfatt 1882 24. Juli	Metzger Donau-stauf			

Kriegsstammrolle von Jakob Weinbeck, Hauptstaatsarchiv München, Abt. IV, Kriegsarchiv

wenn man den Gefechtsplan im Militärpass liest. Danach war Weinbeck in der Zeit vom **8. Juli** bis **7. August 1917** „zur Verfügung der Obersten Heeresleitung". Das bedeutete Heimaturlaub für den Soldaten Weinbeck. Vier Wochen zu Hause bei seiner Frau und den zwei Kindern Maria und Georg. Eine gute Gelegenheit, für weiteren Nachwuchs zu sorgen.

Im **April 1918**, ziemlich genau neun Monate nach seinem Fronturlaub, kommt das „Kriegskind" Margareta auf die Welt. Noch gehen die Kämpfe in Frankreich weiter. Weinbeck kämpft in der Heeresgruppe Kronprinz Rupprecht und in der Heeresgruppe Herzog Alb-

Dienst-Verhältnisse: a) frühere b) nach Eintritt der Mobilmachung	Orden, Ehrenzeichen und sonstige Auszeichnungen	Mitgemachte Gefechte. Bemerkenswerte Leistungen	Kommandos und besondere Dienstverhältnisse. Kriegsgefangenschaft	Führung Gerichtliche Bestrafungen. Rehabilitierung	Bemerkungen
10.	11.	12.	13.	14.	15.

recht. Im Oktober/November 1918 ist er bei der Hermannstellung eingesetzt. Schließlich beginnen für die deutschen Soldaten die Rückzugskämpfe.

Am **11. November 1918** wird im französischen Compiègne (in der Nähe von Verdun) in einem Eisenbahn-Salonwagen das Waffenstillstandsabkommen zwischen Deutschland und Frankreich unterzeichnet. Dieses Datum wird im späteren Leben von Jakob Weinbeck noch eine bedeutende Rolle spielen. Für Deutschland unterschreibt Matthias Erzberger von der Katholischen Zentrumspartei den Vertrag. Die Kampfhandlungen in Frankreich werden beendet. Schon zwei Tage vorher, am 9. November 1918, tritt in Berlin der Rat der Volksbeauftragten zusammen. Friedrich Ebert von der SPD wird von Max von Baden zum Reichskanzler ernannt. Die Republik wird ausgerufen. Kaiser Wilhelm II. ist in der Nacht vom 9. auf 10. November nach Holland geflohen. Die Monarchie ist zu Ende.

Vom **12. NOVEMBER** bis **20. DEZEMBER 1918** müssen die deutschen Soldaten, die in Frankreich eingesetzt sind, die besetzten Gebiete räumen und den Rückzug antreten. Jakob Weinbeck kommt am **20. DEZEMBER 1918** in Fürth bei Nürnberg an und wird dort nach Donaustauf entlassen.

Familie Kollmannsberger

Doch zunächst nochmal zurück in die Zeit vor dem Ersten Weltkrieg. Die Frau meines Opas, meine spätere Oma, ist eine geborene Kollmannsberger. Maria wird am **11. Mai 1888** im sogenannten „Dreikaiserjahr" als zweites Kind in dem kleinen oberbayerischen Ort Kleidorf in der Hallertau geboren. Im März ihres Geburtsjahres stirbt Kaiser Wilhelm I. Sein Nachfolger Friedrich III. regiert nur drei Monate. Er stirbt an Kehlkopfkrebs. Sein Sohn Wilhelm II. übernimmt am 15. Juni mit 29 Jahren das Zepter. In Bayern regiert nach dem Tod König Ludwigs II. Prinzregent Luitpold. Ludwig der II. ertrinkt am **13. Juni 1886** im Starnberger See. Die Umstände seines Todes sind ungeklärt.

Marias älterer Bruder Georg kommt im **Februar 1886** auf die Welt. Nach der Geburt des zweiten Kindes Johann im **November 1889** zieht die Familie Kollmannsberger nach Schierling bei Regensburg. Der Grund für den Umzug sind Geldsorgen. Vermutlich kann der Vater seine Geschwister nicht auszahlen und muss den Bauernhof in Kleidorf verkaufen. Warum die Familie nach Schierling zieht, ist nicht bekannt. Sie erwirbt einen Bauernhof. Drei Jahre wohnt die Familie in Schierling. Dort kommt am **20. Februar 1891** Marias dritter Bruder, Joseph, auf die Welt. Doch die Schulden können nicht zurückgezahlt werden. Der Hof wird verkauft.

Die Familie zieht **1892** nach Reifelding bei Donaustauf. Hier bleibt sie dauerhaft wohnen. Der Erzählung nach kommt sie zunächst beim Bürgermeister unter. Dann kauft Georg Kollmannsberger ein Haus mit einer kleinen Landwirtschaft.

Stammbaum der Familie Weinbeck

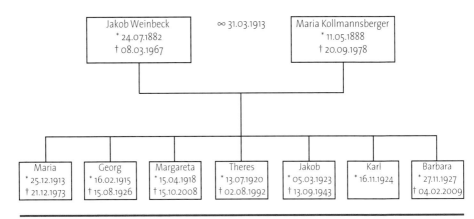

| Jakob Weinbeck
* 24.07.1882
† 08.03.1967 | ∞ 31.03.1913 | Maria Kollmannsberger
* 11.05.1888
† 20.09.1978 |

| Maria
* 25.12.1913
† 21.12.1973 | Georg
* 16.02.1915
† 15.08.1926 | Margareta
* 15.04.1918
† 15.10.2008 | Theres
* 13.07.1920
† 02.08.1992 | Jakob
* 05.03.1923
† 13.09.1943 | Karl
* 16.11.1924 | Barbara
* 27.11.1927
† 04.02.2009 |

Erstellt von Brigitte Adlhoch, 2021

Stammbaum der Familie Kollmannsberger

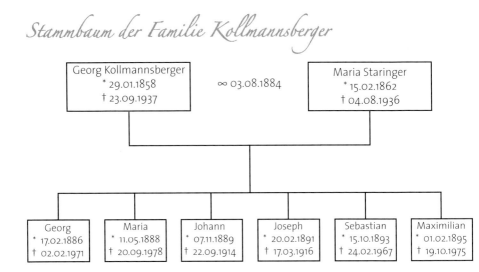

| Georg Kollmannsberger
* 29.01.1858
† 23.09.1937 | ∞ 03.08.1884 | Maria Staringer
* 15.02.1862
† 04.08.1936 |

| Georg
* 17.02.1886
† 02.02.1971 | Maria
* 11.05.1888
† 20.09.1978 | Johann
* 07.11.1889
† 22.09.1914 | Joseph
* 20.02.1891
† 17.03.1916 | Sebastian
* 15.10.1893
† 24.02.1967 | Maximilian
* 01.02.1895
† 19.10.1975 |

Erstellt von Marianne Hecht, 2018

Aus dem Zensurbuche der Schule _____ Kgl. Bezirksamtes _____

vom Jahre _____ Nr. _____

Zeugnis

über die

Entlassung aus der Sonn= und Feiertagsschule.

Maria Kollmannsberger

Sohn, Tochter des _Georg Kollmannsberger_

geboren am _14. Mai 1888_ zu _____ K. Bezirks=

amtes _____ beheimatet zu _____

K. Bezirksamtes _____ _katholischer_ Konfession, hat die Werk=

tagsschule vom _1. September 1894_ bis zum _1. August 1901_

die Sonn= und Feiertagsschule und den damit verbundenen öffentlichen Religionsunterricht vom

26. September 1901 bis zum _17. Juli 1904_ mit

_____ Fleiße besucht, ein _____ Betragen gepflogen und wird nach Er=

füllung der gesetzlichen Vorschriften mit nachstehenden Noten aus der Sonn= und Feiertagsschule entlassen.

Religion	_sehr gut_	**Rechnen**	_sehr gut_
Lesen	_sehr gut_	**Realien**	_sehr gut_
Rechtschreiben	_sehr gut_	**Fortgangsnote** _I. Dir sehr gut._	
Schönschreiben	_sehr gut_		

Bemerkungen:

_____, den _15. Juni 1904._

Kgl. Distriktsschulinspektion   **Kgl. Lokalschulinspektion**

_____ _____

K. Keller Lehrer.

Notenskala:

Anlagen:	Fleiß:	Betragen:	Fortgang:
Note I: sehr viele,	sehr groß,	sehr lobenswürdig,	sehr gut,
II: viele,	groß,	lobenswürdig,	gut,
III: hinlängliche,	genügend,	nicht tadelfrei,	genügend,
IV: geringe.	ungenügend.	strafbar.	ungenügend.

W. Schul=Formular Nr. 94.

Zeugnis über die Entlassung aus der Sonn- und Feiertagsschule von Maria Kollmannsberger, Familienarchiv

Maria bekommt im OKTOBER 1893 den fünften Bruder, getauft auf den Namen Sebastian. Schließlich erblickt im FEBRUAR 1895 noch ein Maximilian das Licht der Welt.

Maria besucht von 1894 bis 1901 die Werktagsschule in Donaustauf. Von 1901 bis 1904 schließt sich die Sonn- und Feiertagsschule an, die sie mit „sehr gut" in allen Fächern abschließt. Anschließend wird sie, vermutlich bis zu ihrer Hochzeit, auf dem elterlichen Bauernhof mitgearbeitet haben.

Knapp eineinhalb Jahre nach der Hochzeit muss Marias Mann Jakob in den Krieg ziehen. Wie auch die Brüder von Maria. Johann und Joseph Kollmannsberger haben ihre zweijährige militärische Grundausbildung im Ausbildungslager Ingolstadt absolviert. Dort werden sie von ihrem Vater

Joseph (links) und Johann Kollmannsberger mit Vater Georg in Ingolstadt, um 1914, Fotoatelier Heinrich Fröhlich, Foto: Familienarchiv

Georg besucht. Zusammen lassen sie sich im Fotostudio Heinrich Fröhlich fotografieren.

Maria verliert zwei ihrer fünf Brüder im Ersten Weltkrieg. Der 25 Jahre alte Johann, der bei der Infanterie ganz vorne im Schützengraben kämpft, wird schon sieben Wochen nach Kriegsbeginn durch einen

Granatschuss getötet. Am 22. SEPTEMBER 1914 stirbt er an der französischen Front, bei Chaillon, in der Nähe von Verdun. Laut Kriegsstammrolle trifft der Schuss Johann Kollmannsberger mitten ins Herz. Ein anderer Eintrag spricht von einem tödlichen Kopfschuss als Todesursache.

Auch sein Bruder Joseph ist von Beginn des Krieges an im Einsatz an der französischen Westfront. Als Unteroffizier bei der Artillerie bedient er die Geschütze, unter anderem die „Dicke Berta" aus der Waffenschmiede Krupp. Ende Februar 1916 erhält er die Nachricht, dass er in Verdun eingesetzt wird. Ab 3. März kämpft er auf diesem Schlachtfeld. Diesen Einsatz überlebt er, wie so viele andere Solda-

Sterbebilder von Joseph und Johann Kollmannsberger, Familienarchiv

Tagebuchschreiber Unteroffizier Joseph Kollmannsberger, Foto: privat

ten, nicht. Der Unteroffizier wird am **17. März** 1916 durch einen Granatschuss getötet, wie sein Bruder Johann. Er gilt zunächst als vermisst. Drei Tage später finden ihn Kameraden tot unter einem Pferd. Insgesamt kommen allein bei der Schlacht von Verdun circa 700 000 Soldaten ums Leben. Historiker bezeichnen diese Urschlacht von Verdun als „Symbol für die Sinnlosigkeit des Krieges" und als „Hölle von Verdun".

Joseph Kollmannsberger ist gelernter Hafner. Heute würde man diesen Beruf Töpfer nennen. Josephs Schwester Maria erzählte in der Familie, dass Joseph in der Schule blitzgescheit war. Vielleicht wurde er deshalb von seiner Familie gebeten, seine Kriegserlebnisse zu notieren. Tatsächlich schreibt er vom ersten bis zum letzten Tag seines Soldatenlebens seine Erlebnisse, Einsätze und Eindrücke vom Kriegsgeschehen auf. Diese Tagebuchaufzeichnungen sind wie durch ein Wunder auch als maschinenschriftliche Abschrift erhalten.

Sie beginnen am **9. August** 1914 und enden am **16. März** 1916, einen Tag vor seinem Tod. Gefunden wurde die Abschrift im Jahr 2005 im Nachlass eines Verwandten von Joseph Kollmannsberger. Der Neffe Karl Kollmannsberger hatte um 1985 bei Reinigungsarbeiten zufällig

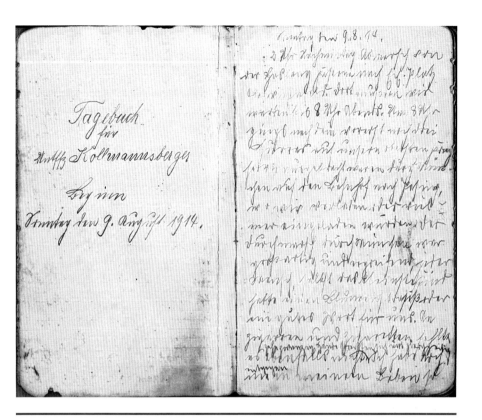

Titelseite des Originaltagebuchs, Tagebucharchiv Emmendingen, Reg.Nr. 1075

das erste von zwei Originaltagebüchern entdeckt. Es war im Heu-stadl des Elternhauses von Joseph Kollmannsberger, in Reifelding, unter Brettern versteckt. Hinweise, von wem und warum es versteckt wurde, gibt es nicht. Das gefundene Originaltagebuch und die ma-schinenschriftliche Abschrift befinden sich im Tagebucharchiv in Emmendingen bei Freiburg.

Erster Eintrag im Kriegstagebuch vom 9. August 1914, Joseph Kollmannsberger, Tagebucharchiv Emmendingen Reg.Nr. 1075

Sonntag,den 9.August 1914.

2 Uhr nachmittag Abmarsch von der Hasslangkaserne nach dem Exezierplatz Oberwiesenfeld. Dort mussten wir warten bis 8 Uhr Abends. Um 8 Uhr gings, nachdem vorerst noch 3 Hurra's auf unsere obersten Kriegsherren ausgebracht waren,durch München auf den Bahnhof nach Pasing, wo wir verladen oder vielmehr eingeladen wurden. Der Durchmarsch durch München war grossartig und ergreifend; jeder Mensch selbst das kleinste Kind hatte einen Blumenstrauss oder ein gutes Wort für uns. An Zigarren und Zigaretten fehlte es ebenfalls nicht. Zehn, zwanzig Hände streckten sich uns gleichzeitig entgegen.Jch habe noch nie in meinem Leben so etwas Begeistertes gesehen. Um 1.23 Uhr gings von Pasing fort, wohin wussten wir zunächst nicht; während der Fahrt durchfuhren wir Augsburg. Jn der Frühe 10 Uhr kamen wir in Neu-Ulm an. Hier hatten wir über eine Stunde Aufenthalt; die guten Leute bewirteten uns mit Kaffee, Tee und Zigaretten. Auch Ansichtskarten bekamen wir noch, ohne etwas zahlen zu müssen. Dass es nach Frankreich geht,darüber sind wir uns jetzt klar, nur wissen wir noch nicht nach welcher Festung. Jn Geisslingen und Göggingen(Württemberg) hatten wir ebenfalls Auenthalt. Was die Leute alles tun,hätte man nie für möglich gehalten.Alle begrüssen uns mit der gleichen Begeisterung. Aus jedem kleinsten Häuschen und jeder Villa winken uns aus jedem Fenster Hände zu.Jeder Bauer, jeder Taglöhner, jeder Beamte hat für uns einen Leckerbissen oder mindestens einen Gruss. Unser Zug führt uns indessen immer näher ans Ziel. Jn Pforzheim erwartete uns noch dazu die Regimentsmusik nebst einer unbeschreiblichen Anzahl von Leuten. Soeben 7.45 Abends treffen wir in Karlsruhe ein. Die Stimmung in der Bevölkerung ist eine grossartig begeisterte. Abends um 10¾ Uhr stiegen wir in Achern aus, um etwas zu essen. Jch begab mich dann aber gleich in einen Pferdewagen, wie ich es schon tags vorher machte, um etwas schlafen zu können. Während der Nacht gings über den Rhein. Früh 4 Uhr kamen wir nach Strassburg, fuhren dann noch bis Saarburg; hier stiegen wir nach rund 30stündiger Bahnfahrt aus. Es wurden Geschütze und Munitionswagen ausgeladen, dann gings nach Westen. Um 11½ Uhr kamen wir bei glühender Hitze in unserem vorläufigen Quartier, dem Dorfe Nitting etwa 8 bis 9 km von der französischen Grenze an. Vorläufig bleiben wir hier; wo es hingeht, wissen wir nicht.Hoffentlich gehts recht bald an den Feind. Die Bevölkerung spricht nur französisch; es will fast kein Mensch deutsch verstehen.

Wieder daheim

Es ist eine bittere Erfahrung für Maria Weinbeck, ihre zwei Brüder im Ersten Weltkrieg zu verlieren. Die Angst ist groß, dass auch ihr Mann den Kriegseinsatz nicht überlebt. Drei Kinder, die ohne Vater aufwachsen müssten – für sie ein unvorstellbarer Gedanke. Er bereitet ihr schlaflose Nächte.

Doch das Glück ist auf ihrer Seite. Kurz vor Weihnachten 1918 wird Jakob aus dem Kriegsdienst entlassen und kehrt unverwundet nach Donaustauf zurück.

Die Freude in der Familie ist groß. Endlich kann sie gemeinsam mit den inzwischen drei Kindern Maria (fünf Jahre), Georg (drei Jahre) und der acht Monate alten Margareta das Weihnachtsfest 1918 feiern.

Im Frühsommer 1918 (von links): Dienstmagd, Sohn Georg, Maria Weinbeck mit Tochter Margareta auf dem Arm, Tochter Maria, Schwiegervater Georg. Jakob Weinbeck ist zu dieser Zeit im Feld in Frankreich, Foto: Familienarchiv

Aufhauſen. 1. Bürgermeiſter: Georg Kumpfmüller wurde mit 236 Stimmen gewählt, Alois Gnadl erhielt 108 Stimmen. Gemeinderäte: Heitzer Joſef (263), Schmalhofer Otto (273), Pfeilſchifter Joſef (239), Lichtinger Xaver (236), Zanter Joſef (231), Schmid Joſef (230), Schmid Joſef Hs.-Nr. 46 (229), Ebentheuer Karl (225), Schreiner Georg (225), Winter Heinrich Gansbach (226), Beſenreiter Jakob (223), Franziska Hermann (223), Lehner Johann (210), Freilinger Johann (223), Faltermeier X. (210).

Bach. Zum 1. Bürgermeiſter wurde Andreas Karl, Söldner in Bach, mit 128 Stimmen wiedergewählt. Xaver Scheck erhielt 26 Stimmen, Hugo Reichinger 16, Ph. Semmelmann 10 Stimmen, 12 Stimmen waren zerſplittert. — Gemeinderatswahl: Der Wahlvorſchlag „Einigkeit" erhielt 91 Stimmen, „Donau" 64 Stimmen. Gemeinderäte: Lehrer Kiglein, Scheck Johann, Zimmerer Max, Etl Martin, Reichinger Hugo, Semmelmann Philipp. Erſatzleute: Hobſt Johann, Eibl Michael, Müller Wolfgang, Spitzer Ferdinand, Fliſch Johann, Weihbeck Andreas.

Brennberg. Wahl des 1. Bürgermeiſters: Von insgeſamt 328 gültigen Stimmen entfielen auf Joſef Schindler, Krämer in Brennberg, 260 Stimmen, Franz Moſer, Schreiner in Brennberg, 53 gültige Stimmen, 15 Stimmen waren zerſplittert. Wahl der Gemeinderäte: Johann Schwegl-Brennberg (317), Johann Gabler-Brennberg (312), Joſef Groß-Fahnmühle (268), Xaver Hirſchberger-Poibsberg (259), Georg Rainzbauer-Aumbach (259), Joſef Piendl-Aumbach (259), Xaver Lindinger-Brennberg (258), Johann Fichtl-Thaldof (253), Johann Bauer-Aumbach (252), Joſef Baumann-Röhrnhof (251), Johann Hack-Aumbach (244), Xaver Zipelsberger-Brennberg (240). Erſatzmänner: Johann Amann-Berndorf (238), Joſef Stangl-Brennberg (229), Joſef Mandl-Fahndorf (218), Jakob Weigl-Fahndorf (214), Leonhard Kerſcher-Brennberg (209).

Donauſtauf. Hier wurde der bisherige Bürgermeiſter Herr Franz Höpfl mit 310 von 522 gültigen Stimmen wieder-

Rot-Gold 58 Stimmen. In den derat wurden gewählt: Vom Landwirte: Kiesl Otto (160), Anton (133), Graf Georg (114), Franz (112), Reichinger Ludwig (durch das Los); Bayer. Volk: Holzer Georg (123), Drei Anbau Weingirl Willibald (100); Sch Gold: Wellnhofer Karl (113), M gelbert (100).

Hungersäcker. Bürgerme Bürgermeiſter Heinrich Schütz Stimmen, ſechs weitere Bürger zuſammen 17 Stimmen. Wahl meinderäte: Joſef Schöberl-Hu (83), Ludwig Buchmeier-Unterei Georg Heitzer-Hungersäcker (27), Bach-Hainerhof (26), Xaver Lau gersäcker (26), Alois Piendl-P Andreas Lehner-Hinterzirnberg Piendl-Miehl (22), Max Humer-äcker (21, Joſef Irrgang-Obere Johann Dengler-Hungersäcker (rich Schütz-Hungersäcker (19), Schütz (16). Abgegebene Stimm gültig.

Rieſenholz. Herr Auguſt Gaſtwirt, wurde wieder zum 1 meiſter gewählt mit 78 von 86 Stimmen, die übrigen acht Stimm auf 7 Kandidaten. Gemeinderä Lorenz (90), Heutl Joſef (89), Albert (88), Weinzierl Heinrich (bek Engelbert (66), Schiller Jo Spitzer Xaver (83). Krummel bei Erſatzmänner: Schiller Ludwig (Johann (77), Wolf Joſef (75), Johann (63).

Kirchroth. Zum 1. Bürgerm be der frühere Bürgermeiſter ? 121 Stimmen wiedergewählt. meiſter Groß erhielt 28 Stimmen men waren zerſplittert. Ge räte: Mittermeier Xaver (11, Joſef (110), Wismann Max (10 Johann (103), Groß Wolfgang (1 Joſef (93), Färber Konrad (92). Damenwelt blieb nicht ungewä Fanny Hien, Gaſthofbeſitzersgatt als Gemeinderätin 2 Stimmen.

Langenerling. Wahlberecht 320, gewählt haben 222. Bür

Gemeindewahlen.

02

Die Weimarer Republik

Die Nachkriegsjahre gestalten sich schwierig. Politisch hat sich in Deutschland viel verändert. Der Krieg ist verloren. Die Monarchie ist Vergangenheit. Deutschland bekommt eine demokratische Verfassung. Die Weimarer Republik beginnt. Turbulente Jahre folgen. Viele Bürger demonstrieren für radikale Veränderungen. Rechte und linke Strömungen liefern sich in dieser Zeit zum Teil blutige Auseinandersetzungen.

Kindersegen

Während der Weimarer Republik vergrößert sich die Familie Weinbeck weiter nach dem Motto: Es können noch ein paar mehr werden. Kinder gelten zu der Zeit, vor allem auf dem Land, als Segen Gottes. Seit zwei Jahren ist mein Opa wieder zu Hause auf seinem Bauernhof. Die vier Jahre im Feld hat er ohne Verletzung überlebt. Er arbeitet wieder als Maurer und freut sich über seine Familie. Das vierte Kind, Tochter Theres, wird am **13. Juli 1920** geboren. Sohn Jakob kommt am **5. März 1923** auf die Welt.

1924: Die Kandidatur

In Deutschland geht das Radio auf Empfang. Das Kino wird beliebt. Hitler bekommt wegen eines Putsches in München fünf Jahre Festungshaft, wird aber vorzeitig entlassen. Die SPD verliert bei den Reichstagswahlen im Mai. Die Reichsmark wird eingeführt und dadurch die Hyperinflation beendet.

Während Jakob Weinbeck nach dem Ersten Weltkrieg weiter bei der Baufirma Frank & Hummel als Maurer arbeitet, kümmert sich seine streng katholische Frau Maria um die Landwirtschaft, unterstützt von ihrem Schwiegervater Georg.

In der Familie Weinbeck kommt im **November 1924** das sechste Kind, Sohn Karl, auf die Welt. Zu dieser Zeit beschäftigt sich sein Vater schon länger mit dem Gedanken, sich politisch zu engagieren. Ein Wunschtraum, den er gerne verwirklichen möchte. Sein Schwager, der Zimmermann Georg Kollmannsberger, ist bereits Mitglied im Donaustaufer Gemeinderat. Mit ihm geht er regelmäßig ein paar Bier trinken. Sie diskutieren vermutlich über die politische Lage und die Arbeit im Gemeinderat. Womöglich hat sein Schwager ihn überredet, bei den nächsten Wahlen zu kandidieren. Der schmale, gerade 1,60 Meter große Donaustaufer gehört zu dieser Zeit mit seinem Beruf als Maurer zur Arbeiterklasse. Sein Sohn Karl vermutet heute, dass schon während der Münchner Zeit sein politisches Interesse geweckt wurde. Gut möglich, so die Aussage des Sohnes, dass sein Vater dort schon Kontakte zu den Sozialdemokraten knüpfte.

Am **7. Dezember** 1924 finden in Bayern Kommunalwahlen statt. Sein Entschluss steht fest: Sechs Jahre nach dem Ende des Ersten Weltkrieges und dem Beginn der Weimarer Republik kandidiert Jakob Weinbeck für den Donaustaufer Marktgemeinderat. Auf dem Wahlvorschlag „Reform". Über diese Liste kommen neben ihm der Vorarbeiter Johann Reith, der Zimmermann Martin Weiß, der Maurer Florian Kirchmayer [Kirchmeier], Johann Brunner, Josef Huber und der Zimmermann Michael Meier in den Donaustaufer Gemeinderat. Franz Höpfl von der Bayerischen Volkspartei wird mit 310 Stimmen zum Bürgermeister gewählt.

Ergebnisse der Gemeindewahlen.

Donaustauf. Hier wurde der bisherige Bürgermeister Herr Franz Höpfl mit 310 von 522 gültigen Stimmen wiedergewählt. Dr. Max B r a n d l, prakt. Tierarzt in Donaustauf, erhielt 142 Stimmen. Lagerhausverwalter Fisch erhielt 64 Stimmen. Als Gemeinderäte wurden gewählt: Aus dem Wahlvorschlage „Eintracht": Groß Josef, Kastenmeier Michael, Leichtl Franz, Gomeier Josef, Hüttner Johann, Märkl Michael, Niedermeier Josef, Rühr Ernst, Hille Jagues, Brunner Georg, Graß Max; aus dem Wahlvorschlag „Reform": Reith Johann, Weinbeck Jakob, Weiß Martin, Kirchmeyer Florian, Brunner Johann, Huber Josef, Meier Michael; aus dem Wahlvorschlag „Einigkeit": Dr. Alois Bauer, Fisch Josef.

1925: Im Gemeinderat

Am **9. Januar** 1925 findet in Donaustauf die erste Gemeinderatssitzung nach den Wahlen statt. Weinbeck bestätigt seine Anwesenheit durch seine Unterschrift. Er wird in den Wohnungsausschuss
gewählt. Ab diesem Zeitpunkt engagiert er sich leidenschaftlich für
sein politisches Amt. Die Durchsicht der Donaustaufer Gemeinderatsprotokolle zeigt, dass er in fast keiner Sitzung fehlt. In Donaustauf
herrscht Wohnungsnot. Diese zu beheben ist Aufgabe des Gemeinderates. Außerdem müssen Entscheidungen über Straßenbaumaß-
nahmen, den Bau von Wasserleitungen und die Höhe der Biersteuer
getroffen werden.

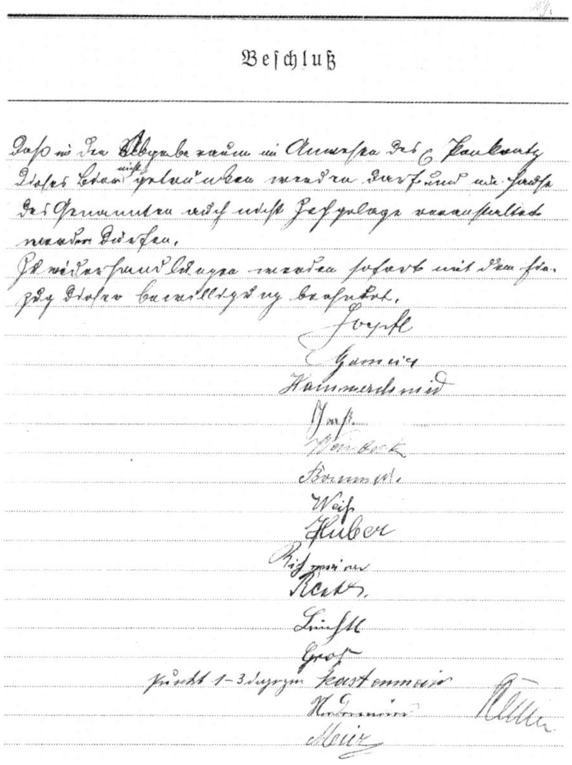
Beschluß

Gemeinderatsprotokoll vom 9. Januar 1925, Gemeindearchiv Donaustauf

Während Weinbeck gerade einmal zwei Monate im Donaustaufer Gemeinderat sitzt, stirbt im Februar in Berlin mit 54 Jahren Reichspräsident Friedrich Ebert von der SPD. Nachfolger wird der 78 Jahre alte Paul von Hindenburg. Der von der katholischen Kirche stark kritisierte Bubikopf wird modern. Der schönste Schmuck der Frau, die Haare, verschwinden, wird lamentiert. Auf dem Land setzt sich die Kurzhaarfrisur nur langsam durch. Maria Weinbeck hat auf ihrem Hochzeitsfoto von **1913** gewellte Haare. Ob sie kurz sind oder am Hinterkopf zusammengebunden, ist nicht zu erkennen und bleibt ein kleines Rätsel.

1926: Bitterer Verlust

In Berlin erobert der Charleston das Tanzparkett und man feiert die Sängerin und Tänzerin Josephine Baker. Sie tritt im Bananenröckchen auf. Das Deutsche Reich wird in den Völkerbund aufgenommen. Im Juni singt Claire Waldoff erfolglos das Lied „Raus mit den Männern aus dem Reichstag". In Donaustauf setzt sich währenddessen Weinbeck im Gemeinderat weiter für die Verbesserung der Lebensbedingungen und die Anliegen der Bürger ein. Die Gemeinde Donaustauf lässt selbst ein Mietshaus errichten. Der Bau eines Freibades wird beschlossen. Mit Sicherheit ist der im Bauausschuss sitzende Weinbeck an diesen Entscheidungen beteiligt. Außerdem wird in diesem Jahr das heute noch vorhandene Kriegerdenkmal aufgestellt. Es enthält auch die Namen der im Ersten Weltkrieg gefallenen zwei Schwager meines Opas, Johann und Joseph Kollmannsberger.

Krieger-
denkmal
Donaustauf,
Foto: G. Adl-
hoch, 2020

In diesem Jahr wird die Freude über die sechs Kinder meiner Großeltern durch ein tragisches Unglück getrübt. Mein Onkel Karl erinnert sich, wie man den Ablauf des Geschehens in der Familie erzählt hat:

Am 15. AUGUST 1926 geht Georg mit ein paar Freunden zum Schwimmen an die Donau. Sie steigen in einen am Ufer liegenden Fischerkahn, rudern in die Donau und schaukeln übermütig. Dabei gehen einige Jungs über Bord. Auch Georg fällt in der Nähe der eisernen Brücke ins Wasser. Er kann noch nicht schwimmen und wird schnell abgetrieben. Obwohl viele Spaziergänger unterwegs sind und zuschauen, kann ihm niemand helfen. Er wird von einem Strudel erfasst und schafft es nicht, sich ans Ufer zu retten. Er ertrinkt im Alter von 11 Jahren. Die Leiche wird fünf Tage später, am 20. August, in der Donau nahe Kößnach bei Straubing entdeckt.

Die Eltern müssen sie identifizieren. Schweren Herzens fahren sie mit einem Fuhrwerk zum Fundort. Jakob Weinbeck erkennt mit Bestimmtheit die Leiche seines Sohnes. Mutter Maria erklärt, dass ihr

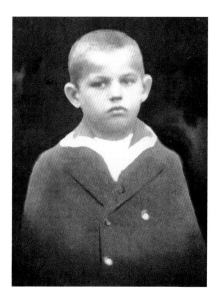

Georg Weinbeck, Foto: Familienarchiv

Sohn am 15. August in der Donau ertrunken ist. Laut mündlicher Überlieferung ist die erste spontane Äußerung der Mutter: „Das ist nicht mein Sohn." Die Trauer und der Schmerz sind groß. Aber das Leben geht weiter. Die viele Arbeit und die Versorgung der Familie lässt den Verlust des geliebten Kindes in den Hintergrund treten.

Nr. 4

Das Amtsgericht Straubing
hat mitgeteilt:

In der Donau zwischen Ober-
und Niedermotzing ist die
Leiche eines Knaben auf-
gefunden worden.

Vor- und Familienname
des Verstorbenen,
Wohnort, Geburtsort und Heimat
sowie Alter, Religion, Vor-
und Familienname,
Stand oder Gewerbe der Eltern,
Tag, Monat, Jahr, Tages-
zeit und Stunde des er-
folgten Todes der auf-
gefundenen Leiche sind
unbekannt.

Tag der Auffindung der
Leiche: 20. August
nebenstehend ganzer Vor-
druck gestrichen.

Kößnach, den 22. August 1926.
Der Standesbeamte,
gez. Neumeier.

Der Maurer Jakob Weinbeck
in Donaustauf erkennt
mit Bestimmtheit die Leiche als
die seines Sohnes Georg Weinbeck, geboren 16. Februar 1915 zu
Donaustauf. Mutter Maria
Weinbeck, geborene Kollmannsberger: Genannter Georg
Weinbeck ist am 15. August
in der Donau bei Donau-
stauf ertrunken.

Kößnach, den 22. August 1926.
Jakob Weinbeck
Der Standesbeamte
gez. Neumeier.

Nach einer ergänzten Mit-
teilung des Amtsgerichtes Straubing vom 25. August 1926
ist die Person der aufgefundenen
Leiche festgestellt wie folgt:
Georg Weinbeck, ledig, Maurers-
sohn von Donaustauf, geboren
16.02.1915, katholisch, Vater Jakob
Weinbeck, Mutter Maria, geborene Kollmannsberger, Maurers-
eheleute in Donaustauf.
Zeit des erfolgten Todes unbekannt,
vermutlich am 15.08. 1926. Aufgefunden
wurde die Leiche bei Niedermotzing
in der Gemeindeflur Pitt(e)rich.
Kößnach, den 28. August 1926
der Standesbeamte
gez. Neumeier

Sterbeurkunde. Cc.

Nr.

am   19

Vor dem unterzeichneten Standesbeamten erschien heute, der Persön-

lichkeit nach _____ fannt,

wohnhaft in

und zeigte an, daß

wohnhaft in

geboren zu

zu

am   ten

des Jahres tausend neunhundert

mittags um   Uhr

verstorben sei.

Vorgelesen, genehmigt und

Der Standesbeamte.

Daß vorstehender Auszug mit dem Sterbe - Haupt - Register des Standesamts zu

Kößnach _____ gleichlautend ist, wird hiermit bestätigt.

Kößnach   am 16. Oktober 19 26.

Der Standesbeamte.

gez. Neumeier.

(Siegel)

1927: Geburt meiner Mutter

Charles Lindbergh überfliegt den Atlantik. Der Reichstag verabschiedet das Gesetz über die Arbeitslosenversicherung. Wilhelm Marx bildet ein Kabinett, die Neuauflage des Bürgerblocks. Bertold Brecht schreibt das Gedicht „700 Intellektuelle beten einen Öltank an".

Am 27. November bekommen meine Großeltern nochmals Nachwuchs. Das letzte von sieben Kindern, ein Mädchen, erblickt am **27. November 1927** das Licht der Welt und wird auf den Namen Barbara getauft. Es ist meine spätere Mutter. Nach dem tragischen Tod von Sohn Georg ist die Freude über den Familiennachwuchs groß.

1928: Eintritt in die SPD

Im Mai gewinnt die SPD bei den Reichstagswahlen und kommt auf fast 30 Prozent. Eine große Koalition wird gebildet. Ozeanflieger schaffen die Atlantiküberquerung in Ost-West-Richtung. Der Bubikopf gewinnt an Beliebtheit. Hermann Feiner singt „Großmama, lass dir die Haare schneiden". SPD-Politikerinnen rufen die Frauen auf, im Mai zur Reichstagswahl zu gehen. Das Luftschiff „Italia" stürzt ab. Viele Nationen unterstützen die Rettung. Ein erstes Zeichen internationaler Solidarität nach dem Ersten Weltkrieg. Im August wird in Berlin die „Dreigroschenoper" von Bertold Brecht uraufgeführt. Das Publikum ist begeistert, das Stück ein sensationeller Erfolg. Es spiegelt die Lebenssituation vieler Berliner wider.

Bei der Gemeinderatssitzung am **9. Januar 1928** wird Weinbeck in den Wirtschaftsrat gewählt. Neun Monate später, am **11. November 1928,** entscheidet er sich, in die SPD einzutreten. Das Eintrittsdatum gibt Anlass zu Spekulationen. Ist das Datum zufällig oder absichtlich ausgewählt? Ist es ein Faschingsscherz? Geschichtlich ist der Zeitpunkt von großer Bedeutung. Genau an diesem Tag vor 10 Jahren unterzeichnete Matthias Erzberger von der Katholischen Zentrumspartei in einem Eisenbahn-Salonwagen im französischen Compiègne (in der Nähe von Verdun) das Waffenstillstandsabkommen des Ersten Weltkriegs. Jakob Weinbeck entscheidet sich auf den Tag genau zehn Jahre danach für eine Mitgliedschaft in der SPD. Im

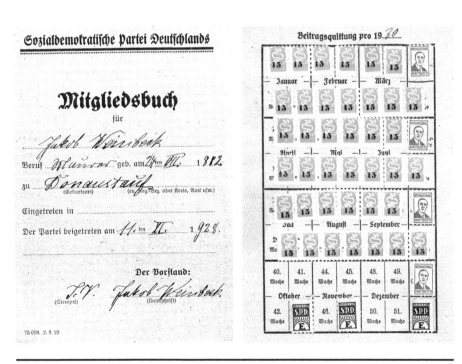

Mitgliedsausweis der SPD von Jakob Weinbeck. Das Original überließ Sohn Karl Weinbeck dem SPD-Ortsverband Donaustauf.

Gemeinderat wird zu dieser Zeit über Ortsverschönerungen, Ausbau und Verbesserung der Strom- und Wasserleitungen und Modernisierung der Bahnanlagen beraten und entschieden.

1929: Erneute Kandidatur

Thomas Mann bekommt den Literaturnobelpreis. Der deutsche Tonfilm „Ich küsse Ihre Hand Madame" mit Richard Tauber als Sänger und mit Marlene Dietrich kommt in die Kinos. Alfred Döblins Roman „Berlin Alexanderplatz" wird ein Welterfolg. Im Februar wird für die Tänzerin Josephine Baker in Bayern ein Auftrittsverbot erlassen. Das knappe Bananenkleidchen wird ihr zum Verhängnis. Am 1. Mai eskaliert der selbstmörderische Konkurrenzkampf innerhalb der Arbeiterbewegung. In Berlin kommt es zu schweren Auseinandersetzungen zwischen Kommunisten und Sozialdemokraten. Der sozialdemokratische Polizeipräsident Berlins, Friedrich Zörgiebel, lässt auf demonstrierende Arbeiter schießen. Bei den Auseinandersetzungen sterben 33 Menschen.

In New York stürzen am 24. Oktober, dem „Schwarzen Freitag", die Aktienkurse ab. Es kommt zu einer Weltwirtschaftskrise. Auch für Deutschland hat der „Crash" gravierende Folgen. Im Winter 1929/30 gibt es in der Weimarer Republik mehr als drei Millionen Arbeitslose. Die Arbeitslosigkeit beträgt 15 Prozent. Reichsaußenminister Gustav Stresemann stirbt.

Erfahren hat mein Opa von den Unruhen in Berlin mit Sicherheit aus der Parteizeitung der SPD, dem „Vorwärts". Als Parteimitglied bekommt er sie regelmäßig geliefert. Die Auseinandersetzungen schrecken ihn nicht ab, sich weiter politisch zu engagieren. Am **8. Dezember** 1929 finden in Bayern die nächsten Gemeinderatswahlen statt. Diesmal heißt der Wahlvorschlag, auf dem der Sozialdemokrat Weinbeck kandidiert, „Gleichberechtigung".

Seine engagierte Gemeinderatsarbeit belohnen die Donaustaufer Bürger, indem sie den Maurer erneut wählen, zusammen mit sechs anderen Bewerbern auf dieser Liste. Auch Schwager Georg Kollmannsberger schafft wieder den Einzug in den Gemeinderat.

Gemeindewahl 1929

Erster Bürgermeister: Höpfl Franz, Kaufmann
2. Bürgermeister durch Losentscheid: **Reith Johann (SPD)**, Sägemeister

Gemeinderäte

Aus dem Wahlvorschlag „Bund der Festbesoldeten"
Oberhauser Georg, Eisenbahnoberinspektor
Unterstöger Valentin, Walhallaoffiziant a.D.
Graml Florian, Oberlehrer

Aus dem Wahlvorschlag „Eintracht"
Kastenmeier Michael, Landwirt
Dr. Max Brandl, prakt. Tierarzt
Groß Johann, Landwirt
Leichtl Johann, Landwirt
Sauerer Georg, Landwirt

Aus dem Wahlvorschlag „Gleichberechtigung"
Weinbeck Jakob, Maurer - SPD
Kirchmayer Florian, Maurer - SPD
Kollmannsberger Georg, Zimmermann -SPD
Meier Michael, Zimmermann - SPD
Märkl Michael, Maurer - SPD
Schieferl Anton, Zimmermann - SPD
Heitzer Josef, Bahnarbeiter - SPD
Fisch Alois, Hilfsarbeiter - SPD
Huber Ludwig, Fabrikarbeiter

Aus dem Wahlvorschlag „Gruppe der Gewerbetreibenden
Weiß Xaver, Sattlermeister
Rühr Karl, Gastwirt
Gutthann Martin, Installateur

Ergebnisse der Marktgemeinderatswahl vom 8. Dezember 1929, Aufstellung von Günter Tischler, Donaustauf

1930: Wieder im Gemeinderat

Die letzte parlamentarische Mehrheitsregierung unter Hermann Müller tritt zurück. Reichspräsident Paul von Hindenburg ernennt den konservativen Zentrumspolitiker Heinrich Brüning zum Kanzler. Bei den Reichstagsneuwahlen im September erzielt die NSDAP

Luftbild von Donaustauf aus den 1930er Jahren. Aus: Donaustauf-Buch, Seite 119

(1928 noch 2,6 Prozent) 18,3 Prozent und wird zweitstärkste Partei hinter der SPD. Im Januar beginnt für Jakob Weinbeck die zweite Amtszeit im neugewählten Gemeinderat.

1931: Wirtschaftskrise

Im Juli können Sparer nur noch begrenzt Geld von ihren Spargut-haben abheben. Die Bankenkrise verschlimmert die wirtschaftliche Lage zusätzlich. Das Kabinett in Berlin tritt zurück. Reichspräsident Hindenburg beauftragt Heinrich Brüning mit der Neubildung. Heinz Rühmann spielt im Münchner Volkstheater die Hauptrolle in dem Film „Ein freudiges Ereignis". In der Familie Weinbeck wachsen die Kinder heran. Jakob arbeitet als Maurer und geht regelmäßig in die 14-tägig stattfindenden Gemeinderatssitzungen. Ehefrau Maria kümmert sich zusammen mit ihrem Schwiegervater Georg um die Landwirtschaft.

1932: Die Krise verschärft sich

Die Arbeitslosigkeit steigt. 6,1 Millionen Menschen sind erwerbslos. Das ist jeder dritte Arbeitnehmer. Der 84-jährige Paul von Hinden-burg wird wieder zum Reichspräsidenten gewählt. Die national-sozialistische Sturmabteilung (SA) wird verboten, weil sie Haupt-verursacher der politischen Gewalt im Lande ist. Im Juni wird dieses Verbot wieder aufgehoben. Der Reichstagswahlkampf entwickelt sich blutig. 300 Menschen werden bei Auseinandersetzungen ge-tötet. Die Siegermächte beschließen die Streichung der Repara-tionszahlungen. Die NSDAP erzielt bei den Reichstagswahlen im Juli 37,3 Prozent. Hindenburg bietet Hitler einen Eintritt in das Kabinett an. Dieser lehnt ab. Er möchte Reichskanzler werden, was wiederum Hindenburg zunächst noch ablehnt. Er ernennt im Dezember Kurt von Schleicher zum neuen Reichskanzler.

1933: Das Ende der Weimarer Republik

Am 30. Januar ernennt Hindenburg Hitler doch zum Reichskanzler. Im Februar brennt der Reichstag. Bei den Reichstagswahlen im März verfehlt die NSDAP die absolute Mehrheit. Im Mai werden die Gewerkschaften zerschlagen und Bücher verbrannt. 14 Jahre und 82 Tage nach Ausrufung der Weimarer Republik ist das demokratische Experiment zu Ende.

Aufgrund der politischen Umwälzungen und der Machtübernahme Adolf Hitlers dauert die Gemeinderatsarbeit für das SPD-Mitglied Jakob Weinbeck nur noch ein paar Monate.

Doch zunächst ruft die Einflussnahme der Nationalsozialisten auf den Gemeinderat bei meinem Opa Widerstand hervor. Dass er von seiner Familie als impulsiv und hitzig bezeichnet wird, passt zu seinem Verhalten im Gemeinderat am **31. MÄRZ 1933**.

Aufhauſen. 1. Bürgermeiſter: Georg Rumpfmüller wurde mit 236 Stimmen gewählt. Alois Gaabl erhielt 108 Stimmen. Gemeinderäte: Heißer Joſef (263), Schmalhofer Otto (278), Pfeilſchifter Joſef (239), Lichtinger Xaver (236), Janker Joſef (231), Schmid Joſef (230), Schmid Joſef Hſ.Nr. 46 (229), Ebentheuer Karl (225), Schreiner Georg (225), Winter Heinrich Gansbach (225), Beſenreiter Jakob (229), Franziska Hermann (225), Lehner Johann (210), Freilinger Johann (225), Faltermeier X. (210).

Bach. Zum 1. Bürgermeiſter wurde Andreas Karl, Söldner in Bach, mit 128 Stimmen wiedergewählt. Xaver Sched erhielt 96 Stimmen, Hugo Reichinger 15, Ph. Semmelmann 10 Stimmen, 12 Stimmen waren zerſplittert. — Gemeinderatswahl: Der Wahlvorſchlag „Einigkeit" erhielt 91 Stimmen, „Donau" 64 Stimmen. Gemeinderäte: Lohrer Blasius, Sched Johann, Zimmerer Max, Gill Martin, Meringer Hugo, Semmelmann Philipp. Erſatzleute: Robſt Johann, Eibl Michael, Müller Wolfgang, Spitzer Ferdinand, Filch Johann, Weihbeck Andreas.

Brennberg. Wahl des 1. Bürgermeiſters: Von insgeſamt 328 gültigen Stimmen entfielen auf Joſef Schmöler, Krämer in Brennberg, 360 Stimmen, Franz Moſer, Schreiner in Brennberg, 63 gültige Stimmen, 15 Stimmen waren zerſplittert. Wahl der Gemeinderäte: Johann Schiegl-Brennberg (317), Johann Gabler-Brennberg (312), Joſef Groß-Kahnmühle (268), Xaver Hirſchberger-Haidsberg (260), Georg Rauxbauer-Rumbach (259), Joſef Biendl-Rumbach (259), Xaver Lindtner-Brennberg (255), Johann Fichtl-Thalhof (255), Johann Sauer-Rumbach (252), Joſef Baumann-Röhrnhof (251), Johann Huck-Rumbach (240), Xaver Zizelsberger-Brennberg (240). Erſatzmänner: Johann Amann-Berndorf (232), Joſef Stangl-Brennberg (229), Joſef Mandl-Fahndorf (218), Jakob Weigl-Fahndorf (214), Leonhard Kerſcher-Brennberg (208).

Donauſtauf. Hier wurde der bisherige Bürgermeiſter Herr Franz Höpfl mit 310 von 522 gültigen Stimmen wieder-

Rot-Gold 58 Stimmen. In den Beirat wurden gewählt: Vom Landbiotric: Riesl Otto (160), Anton (132), Graf Georg (111), Franz (112), Reichinger Ludwig (durch das Los); Bayer Be... Holzer Georg (128), Frei Ludwig Weinzirl Wilibald (100); Schwarz-Gold: Weßlhofer Karl (118), Engelbert (100).

Hungersacker. Bürgermeiſter Bürgermeiſter Heinrich Schütz ... Stimmen, ſechs weitere Bürger zuſammen 17 Stimmen. Wahl der Gemeinderäte: Joſef Schöberl-Hi... (33), Ludwig Buchmeier-Unterer... Georg Heißer-Hungerſacker (27), Bach-Heinerhof (26), Xaver Langerſacker (26), Alois Biendl-... Andreas Lehner-Hinterzirnberg ... Biendl-Biehl (22), Max Rumenacker (21), Joſef Jergang-Ober... Johann Dengler-Hungerſacker (... rich Schütz-Hungerſacker (19), Schütz (16). Abgegebene Stimmen ... gültig.

Meſenholz. Herr Augu... Gaſtwirt, wurde wieder zum ... meiſter gewählt mit 78 von 8... Stimmen, die übrigen acht Stimmen auf 7 Kandidaten. Gemeinderäte ... Lorenz (90), Beutl Joſef (89), ... Albert (88), Weyszierl Heinrich (... ber Engelbert (86), Schiller Joſef... Spitzer Xaver (83), Fruhner He... Erſatzmänner: Schiller Ludwig ... Johann (77), Wolf Joſef (75) ... Johann (63).

Eichrath. Zum 1. Bürgermeiſter ... de der frühere Bürgermeiſter ... 121 Stimmen wiedergewählt. ... meiſter Groß erhielt 26 Stimmen ... men waren zerſplittert. Gemeinderäte: Mittermeier Xaver (1... Joſef (110), Wismann Max (1... Johann (105), Groß Wolfgang (... Joſef (93), Förſter Conrad (92) ... Damenwelt blieb nicht ungewählt ... Fanny Bien, Gaſthofbeſitzersgat... als Gemeinderätin 2 Stimmen.

Langenerling. Wahlberecht... 320, gewählt haben 222. Bür...

03

Das Ende der Weimarer Republik

5. März 1933: Reichstagswahlen

Bei den Reichstagswahlen vom **5. März 1933** wird die NSDAP auch in Bayern stärkste politische Kraft. Ihr Stimmenanteil beträgt 43,1 Prozent. Allerdings nicht in der Marktgemeinde Donaustauf. Hier erhält die Bayerische Volkspartei die meisten Stimmen. Am **9. März 1933** fordern die Nationalsozialisten die Macht in Bayern. Es kommt zu einem Staatsstreich. Die Bayerische Staatsregierung wird zum Rücktritt gezwungen. Ab diesem Zeitpunkt setzt der braune Terror gegen Sozialdemokraten, Kommunisten und andere politische Gegner ein.

31. März 1933: Gemeinderatssitzung

Am **31. März 1933**, auf den Tag genau 20 Jahre nach der Hochzeit von Jakob Weinbeck, findet in Donaustauf eine turbulente Gemeinderatssitzung statt. Noch gilt die Anzahl von 20 Gemeinderäten, denn ein neues Gesetz, das die Anzahl der Mitglieder reduziert, tritt erst ab April in Kraft. Siebzehn Gemeinderatsmitglieder sind anwesend.

Zu Beginn der Sitzung gibt der 1. Bürgermeister Franz Höpfl bekannt, dass der 2. Bürgermeister Johann Reith von der SPD ab sofort sein Amt niederlegen solle. Zugleich verkündet er, dass nach telefonischer Mitteilung des Bezirks Herr Restaurator Johann Weigert zum 2. Bürgermeister ernannt wurde. Außerdem erklärt er, dass das Gemeinderatsmitglied Florian Kirchmayer von der SPD nicht mehr an

den Sitzungen teilnehmen dürfe. Daraufhin meldet sich Gemeinderat Jakob Weinbeck und bittet um das Wort.

Im Gemeinderatsprotokoll vom **31. März 1933**, das während der Sitzung angefertigt wurde, werden die Vorkommnisse festgehalten.

Ladung.

Sämtliche Mitglieder des Gemeinderates werden hiermit gegen Unterschrift zu der am

F r e i t a g   den   31. März   193 3

nach mittags 7 Uhr

im Gemeindehause stattfindenden Gemeinderatsfitzung mit dem Bemerken geladen, daß bei nicht genügend entschuldigtem
Ausbleiben gemäß Art. 25 der G.-O. Ordnungsstrafen bis zu 200 RMark zu gewärtigen sind.

Gegenstände der Verhandlung:

Donaustauf, am 28. März 193 3

Der 1. Bürgermeister:

Namen der Gemeinderäte	Bescheinigung der Ladung durch Unterschrift
II. Bürgermeister Herr Johann Reiß	
Herr Michael Märkl, Hausbesitzer	
" Johann Gross, Landwirt	
" Johann Leichtl, Landwirt	
" Josef Beitzer, Bahnarbeiter	
" Dr.Max Brandl, prakt.Tierarzt	
" Martin Gutthann, Installateur	
" Karl Rühr, Gastwirt	
" Xaver Weiss, Sattler	
" Ludwig Huber, Fabrikarbeiter	
" Alois Fisch, Hilfsarbeiter	
" Jakob Weinbeck, Maurer	
" Georg Kollmannsberger, Zimmermann	
" Georg Sauerer, Landwirt	
" Anton Schieferl, Zimmermann	
" Florian Kirchmayer, Maurer	

Form.-Nr. 411½
Verlagsanstalt Leonhard Wolf, Regensburg

Herr Michael Kastenmeier, Landwirt

    "   Max Klier, Oberlehrer

    "   Florian Graml, Oberlehrer

    "   Valentin Unterstöger, Walhallaoffiziant a.D.

    "   Michael Meier, Zimmermann.

Tagesordnung.

1. Verlesung und Genehmigung der Wasserleitungsbaukasse pro 1929.

2. Grunderwerb zum Umschalthaus; hier Beurkundung.

3. Ausstellung eines Armenrechtszeugnis für den Schreiner Georg Pumpf.

4. Reichswasserstrasse; hier Miete von Bauschiffen.

5. Antrag des Bergarbeiters Johann Zankl, wegen Sandentnahme.

6. Antrag des Hilfsarbeiters Johann Kraus, wegen Ueberlassung der Wohnung Armenhause.

6a. Antrag des Georg Widl und Maria Kirchmayer, wegen Verkauf von Speiseeis

7. Antrag des Maurers Franz Bauer, wegen Ermässig der Wohnungsmiete im gemeindl. Neubau.

8. Bauplan der Rheinischen Schwerspatwerke Sulzbach a.D.; hier Genehmigung

9. Gesuch des Fremdenverkehrsverein Donaustauf wegen Errichtung eines Bade

10. Parkplatz; hier Grunderwerbung.

11. Biersteuer.

Niederschrift
über die Beschlüsse des Gemeinderates.

93

Niederschrift von der Gemeinderatssitzung am 31. März 1933, Gemeindearchiv Donaustauf Archiv-Nr. 4865

Gegenstand der Beschlußfassung.

_____ , den _____ 19__.

Entschuldigt: Heitzer, Klier, Graml

Zur Beratung und eventuellen Beschlußfassung in nebenbezeichneter Sache wurden vom Bürgermeister zu der auf heute anberaumten Gemeinderatssitzung alle im Gemeindebezirk anwesenden Mitglieder des Gemeinderats vorschriftsmäßig geladen.

Unentschuldigt:

Der Gemeinderat besteht einschließlich ____ Bürgermeister aus ____ Mitglieder.

Von den Geladenen sind erschienen: ____ Gemeinderäte, sodaß die beschlußfähige Zahl anwesend ist.

Gegenwärtig:

Auf Vortrag des Bürgermeisters und nach eingehender Beratung wurde mit ____ Stimmen gegen ____ Stimmen folgendes beschlossen:

der Bürgermeister

die unterzeichneten Gemeinderäte

der Protokollführer

1. Rücktritt des II. Bürgermeisters.

Die Rücktrittserklärung des II. Bürgermeisters Reith vom 31.III. 1933 diente zur Kenntnis. 1. Bürgermeister Höpfl sprach im Namen des Gemeinderates ihm herzlichen Dank aus, für seine treue Dienstleistung.
Im Auftrage des Bezirksamtes Regensburg muß der Gemeinderat Kirchmayer ausscheiden.

Gemeinderat Weinbeck fragte an, ob von diesen beiden Herren eine schriftliche Begründung vorliegt, wonach selbe ausscheiden. Bürgermeister Höpfl antwortete daß eine schriftliche Begründung nicht vorliege, sondern der Auf-

trag erfolgte vom Bezirksamt telefonisch.

Hierauf erklärte Weinbeck er könne den Sitzungen nicht mehr

teilnehmen und erklärt hiermit den Rücktritt, wobei sich die

Gemeinderäte Fisch, Huber, Schieferl, Märkl Mich, Kohl-

mannsberger Gg. den Ausführungen des J. Weinbeck anschlossen

und von der Sitzung sich entfernten. Die Sitzung musste wegen nicht
genügender Beteiligung abgebrochen
werden.

Transkribiert von Gerda Adlhoch 2020

Niederschrift von der Gemeinderatssitzung am 31. März 1933, Gemeindearchiv Donaustauf

Die Wut meines Opas war groß. So etwas hatte der Gemeinderat noch nicht erlebt.

Der Grund, warum keine schriftlichen Gründe vorlagen, ist folgender: Ein Schreiben der Bezirksleitung Regensburg der NSDAP vom **26. MÄRZ 1933** an das Bezirksamt Regensburg ist erst am 30. März dort eingegangen. Es bestätigt die Anweisungen an Bürgermeister Höpfl. Sie lauten: „Zweiter Bürgermeister Johann Reith, Sägemeister in Donaustauf, ist mit sofortiger Wirkung seines Amtes zu entheben, da derselbe der S.P.D. angehört und tritt an dessen Stelle Johann Weigert, Gastwirt in Donaustauf. Florian Kirchmeier, Donaustauf, Gemeinderat, ist die Ausübung dieses Amtes zu untersagen."

Nachdem das Schreiben aber erst am **30. März** beim Bezirksamt Regensburg eingegangen war, konnte das Amt die Anweisungen der NSDAP nur mehr telefonisch an den Donaustaufer Gemeinderat übermitteln. Eine schriftliche Anweisung wäre nicht mehr rechtzeitig zur Gemeinderatssitzung eingetroffen, denn die Sitzung fand einen Tag nach Eintreffen des NSDAP-Schreibens beim Bezirksamt, am **31. März**, statt.

Das Gemeinderatsprotokoll über die Vorkommnisse vom **31. März 1933** wird am **1. April** als Schreibmaschinenabschrift an den Bezirk geschickt. Jemand im Bezirk fügt links neben dem Protokoll Anmer-

Schreiben der NSDAP an den Bezirk Regensburg, Staatsarchiv Amberg Archiv-Nr. 4876

kungen zu den Vorkommnissen an und schickt das Protokoll wieder an den Marktgemeinderat zurück. Im Protokoll wird die Rede von Jakob Weinbeck etwas verändert folgendermaßen festgehalten:

„Auf diese Bekanntgabe hin, ersuchte das Gemeinderatsmitglied Herr Jakob Weinbeck um das Wort, wo es ihm der Unterfertigte [Bürgermeister F. Höpfl] ausserhalb der Tagesordnung erteilte. Gemeinderat Weinbeck fragte an, ob vom 2. Bürgermeister Johann Reith und vom Gemeinderatsmitglied Florian Kirchmayer [Kirchmeier] schriftliche Gründe vorliegen, wonach selbe an den Sitzungen nicht mehr teilnehmen dürfen. Darauf-

Gemeinderats-
protokoll vom
1. April 1933 an
das Bezirksamt
Regensburg.
Mit Anmer-
kungen zurück
an die Markt-
gemeinde,
Staatsarchiv
Amberg.

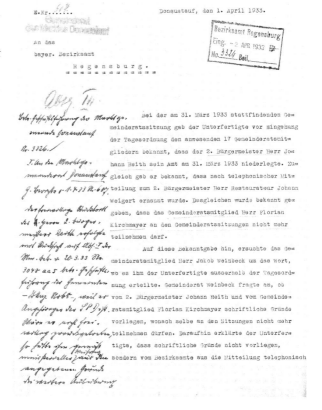

hin erklärte der Unterfertigte, dass schriftliche Gründe nicht vorliegen, sondern vom Bezirksamte aus die Mitteilung telephonisch erging. Hierauf erklärte Weinbeck mündlich seinen Rücktritt, wobei sich die Gemeinderäte Alois Fisch, Hilfsarbeiter, Ludwig Huber, Fabrikarbeiter, Michael Märkl, Maurer, Georg Kollmannsberger, Zimmermann, Anton Schieferl, Zimmermann, den Ausführungen des Weinbeck anschlossen und entfernten sich von der Sitzung. Die Sitzung musste wegen nicht genügender Beteiligung abgebrochen werden.“

Unterschrieben ist das Protokoll von Burgermeister Franz Höpfl.

Die Anmerkungen vom Bezirksamt wurden von Stephan Mühlbauer transkribiert:

Betr. Geschäftsführung der Marktgemeinde Donaustauf Nr. 3326.

I. An den Marktgemeinderat Donaustauf Z. Berichte v. 1.4.33 Nr 607 der freiwillige Rücktritt des Herrn 2. Bürgermeisters Reith erfolgte mit Rücksicht auf Abs. I der Mw.Bek. v. 20.3.33 Nr. 3048 aa5 betr. Geschäftsführung der Gemeinde - St. Unz. Nr. 68 -, weil er Angehöriger der SPD ist. Wäre er nicht freiwillig zurückgetreten, so hätte ihm gemäß ministerieller (Weisung) aus dem angegebenen Grunde die weitere Ausübung seines Ehrenamtes von Amtswegen untersagt werden müssen. „Das Mitglied des Gemeinderates Kirchmeier hat sich nach den der Bezirksleitung der NSDAP Regensburg zur Verfügung stehenden Unterlagen eifrig im Sinne der Ziele der Sozialistischen Arbeiterpartei bestätigt. Gemäß der Mw Vo. v. 20.3.33 Nr. 3052 da 1 über die Vertretungsorgane der Gemeinde, Bezirks- und Kreise-Stkng Nr 68 ist den Mitgliedern der genannten Partei die Ausübung ihres Ehrenamtes untersagt. Auf Ersuchen der Bezirksleitung der NSDAP wurde daher der Herr 1. Bürgermeister fernmündlich angewiesen, Herrn Kirchmayer davon zu verständigen, daß er sein Amt nicht mehr ausüben darf. Da der Gemeinderat in seiner bisherigen Zusammensetzung ohnehin durch das Gleichschaltungsgesetz vom 31.3.33 als aufgelöst zu gelten hat, erübrigen sich bezüglich der durch den Rücktritt der sozialdemokratischen Gemeinderatsmitglieder eingetretenen Beschlussfähigkeit des Marktgemeinderates aufsichtliche Maßnahmen im Sinne des letzten Satzes des Abs. I der oben bez. Mw. VO II-3 Akt III.

Im Wirtshaus

Die SPD-Gemeinderäte gehen nach Verlassen der Gemeinderats-sitzung ins Kolbeckwirtshaus. Es ist in der Maxstraße 6, nur zwei Häuser entfernt vom Gemeindesitzungssaal und bekannt für sein selbstgebrautes Weißbier. Dazwischen steht nur das Haus von Hans Schumacher. Im Wirtshaus wird laut und hitzig diskutiert. Und dazu das bekannte und beliebte Weißbier getrunken. Der Sozialdemokrat Weinbeck lästert weiter nicht nur hinter vorgehalte-ner Hand über die Anordnungen der NSDAP. Die politischen Gegner haben die nicht mehr beschlussfähige Gemeinderatssitzung eben-falls verlassen. Vermutlich sitzen einige auch beim Kolbeck und lassen sich das Weißbier schmecken. Mit Sicherheit spitzen sie die Ohren und hören, was die Sozialdemokraten diskutieren. Der auf-müpfige und streitbare Weinbeck wird vermutlich belauscht. Ir-gendjemand hängt ihn bei der NSDAP hin. An einem der nächsten Tage wird er, so die Erzählung seiner Tochter Barbara, abgeholt und kommt in Schutzhaft. Dokumente darüber wurden bislang nicht gefunden. Aber eine Erklärung von meinem Opa, dass er in Gefahr war, ist vorhanden. Auf dieses Schreiben wird später noch einge-gangen werden. Es beweist, dass er ins KZ gekommen wäre, wenn nicht jemand die schützende Hand über ihn gehalten hätte. Nach ein paar Tagen kommt er wieder frei.

Neubildung des Gemeinderats

Die Reichstagswahl vom **5. März 1933** hat nicht nur für die Weimarer Republik, sondern auch für die Gemeinden gravierende Folgen. Mit dem Gleichstellungsgesetz vom **31. März 1933** wird die Neubildung der Gemeinderäte nach Stimmen der Reichstagswahlen vom 5. März angeordnet. Dadurch ändert sich die Zusammensetzung der Gemeinderatsmitglieder. Außerdem richtet sich die Anzahl der Abgeordneten nach der Einwohnerzahl. In den Gemeinden bis 3000 Einwohner sitzen nur noch 10 Abgeordnete im Gemeinderat. Bis zum 31. März 1933 waren es noch 20 Abgeordnete. Das hat zur Folge, dass ab **April 1933** der Donaustaufer Gemeinderat nur noch aus 10 Abgeordneten und zwei Bürgermeistern besteht. Das Wahlergebnis für Donaustauf vom 5. März 1933 veröffentlicht der Regensburger Anzeiger ein paar Tage später auf Seite 3:

BVP (Bayerische Volkspartei):

385 Stimmen (5 Abgeordnete)

NSDAP (Nationalsozialistische Deutsche Arbeiterpartei):

247 Stimmen (3 Abgeordnete)

SPD (Sozialdemokratische Partei Deutschlands):

148 Stimmen (2 Abgeordnete)
In Klammern ist die Zahl der Abgeordneten angegeben, die ab 1. April 1933 gültig ist.

Der Gemeinderat muss zehn Abgeordnete wählen. Wie in Bayern ist auch in Donaustauf die SPD die drittstärkste Partei. Das Gleichstellungsgesetz enthält die Bestimmung, dass die Sitze der KPD auf die anderen Parteien umverteilt werden müssen.

Die Wahl im Donaustaufer Gemeinderat fällt laut Regensburger Anzeiger vom **18. Juni 1933** auf folgende Personen:

Bayerische Volkspartei (BVP):

Michael Kastenmeier, Landwirt

Florian Wiedl, Gastwirt

Joseph Gomeier, Baumeister

Georg Sauerer, Landwirt

Valentin Untersteger, Pensionist

NSDAP:

Johann Weigert, Restaurator

Johann Groß, Landwirt

Max Meier, Zimmermann

SPD:

Johann Reith, Spediteur und Kohlenhändler

Jakob Weinbeck, Maurer

Bitteres Ende

Die politischen Veränderungen in Berlin haben Folgen für die SPD. Am **9. März 1933** werden in der Münchner Pestalozzistraße das Gewerkschaftshaus und die Parteizentrale der SPD am Altheimer Eck überfallen.

Auch der Einfluss auf die Gemeinden nimmt zu. Die NSDAP ordnet an, dass bis Ende April in allen Gemeinden Neuwahlen der Bürgermeister stattfinden müssen. Am **27. April 1933** tritt Bürgermeister Franz Höpfl trotz einer Wiederwahl „aus verschiedenen Gründen", so die Formulierung im Regensburger Anzeiger, von seinem Amt zurück. In einem neuen Wahlgang wird der Veterinär Dr. Max Brandl zum 1. Bürgermeister gewählt. Ein Gemeinderatsprotokoll über die Wahl wurde im Sitzungsbuch nicht gefunden. Über die Wahl äußert sich aber Dr. Brandl in einem Brief, der sich in seinem Spruchkammerakt befindet. Er muss sich wegen seiner Parteizugehörigkeit und seines Bürgermeisteramtes nach dem Krieg einem Entnazifizierungsverfahren unterziehen. Die Akten für alle Verfahren, die in der Oberpfalz durchgeführt worden sind, verwahrt das Staatsarchiv Amberg.

In einem Schreiben von Dr. Max Brandl an den Ankläger des Entnazifizierungsverfahrens vom **15. Juni 1945**, das im Spruchkammerakt überliefert ist, erklärt er, dass er im April 1933 einstimmig von allen Parteivertretern gewählt wurde.

Also auch von Jakob Weinbeck, der zu der Zeit noch Mitglied im Gemeinderat ist. Erst am **1. Mai 1933** tritt Brandl, so seine schriftliche Aussage im Spruchkammerakt, bedingt durch die im April stattgefundene Bürgermeisterwahl, in die NSDAP ein. In einem Schreiben vom **5. November 1946** für das Entnazifizierungsverfahren bestätigt der damalige Bürgermeister Martin Meindl die Aussage von Dr. Brandl:

„Er [Dr. Max Brandl] wurde im Jahre 1933 von sämtlichen Ge-meinderatsmitgliedern einschließlich Sozialdemokraten und B.V.P. [Bayerische Volkspartei] einstimmig zum Bürgermeister gewählt."

Warum er das Amt des Bürgermeisters angenommen hat, begrün-det Brandl folgendermaßen:

„Das Amt des Bürgermeisters selbst habe ich unter Druck der Kreisleitung und auf Drängen der verschiedensten Bevölke-rungsschichten übernommen."

```
                                        Donaustauf, 10.November 1945.
        Dr.Max Brandl
        prakt.Tierarzt.
        Donaustauf.


              Unter Berücksichtigung meines Schreibens vom 15.6.45 an
    den Herrn Regierungspräsidenten möchte ich ergänzend und zusammenfassend
    berichten:
    1. Mein Eintritt in die Partei ( am 1.5.33 als Anwärter ) war bedingt
    durch die im April 33 stattgefundene Bürgermeisterwahl ( Sozialdemokraten
    2, Volkspartei 5, Nationalsozialisten 3 ),wobei ich durch obige Partei-
    vertreter einstimmig zum Bürgermeister gewählt worden war.
    2. Das Amt des Bürgermeisters selbst habe ich unter Druck der Kreisleitung
    und auf Drängen der verschiedensten Bevölkerungsschichten übernommen.
    Meine Zusage gab ich jedoch nur für eine Übergangszeit von 2-3 Monaten,
    woraus leider volle 4 Jahre wurden.Das Hauptziel war für mich die Fernhaltung
    jung untragbarer Elemente vom Bürgermeisteramt und damit Schutz der Bevöl-
    kerung vor ungerechten Übergriffen. Dieses Ziel glaube ich erreicht zu
    haben und führe als Beweis einige Beispiele an:
```

Brief von Dr. Max Brandl vom 10. November 1945 an die Spruchkammer, Spruchkammerakt, Regensburg-Land B 220, Staatsarchiv Amberg

Zurück zu den weiteren Entwicklungen im Gemeinderat im Jahr 1933. Zum 2. Bürgermeister wird Oberförster Michael Müller gewählt. Er ist zum Zeitpunkt der Wahl bereits Mitglied der NSDAP. Die Donaupost vom **18. Juni 1933** beschreibt die Wahl der beiden Bürgermeister und des neuen Gemeinderats.

Donaupost,
18. Juni 1933

— (Aus dem Gemeinderat.) Da Herr Kaufmann Franz Höpfl, welcher seit 10 Jahren mit größter Umsicht und zu aller Zufriedenheit die Geschicke unserer Marktgemeinde leitete und wieder zum 1. Bürgermeister gewählt worden war, aus verschiedenen Gründen freiwillig zurücktrat, fiel in einem neuen Wahlgang das Vertrauen des neuen Gemeinderates auf Herrn Dr. vet. Max Brandl von hier. Zum 2. Bürgermeister wurde Hr. fürstl. Oberförster Mich. Müller gewählt. Beide Herren wurden in ihrem Amte bestätigt. Sie gehören der NSDAP. an. Der neue Gemeinderat setzt sich außer den beiden Bürgermeistern aus 10 Mitgliedern zusammen, von denen 5 der B.V.P., 3 der NSDAP. und 2 der S.P.D. angehören. Es sind folgende Herren gewählt und bestätigt: Landwirt Michael Kastlmeier, Gastwirt Florian Wiedl (Rößlwirt), Baumeister Josef Gomeier, Landwirt Georg Sauerer, Pensionist Valentin Untersteger aus der B.V.P., sämtliche von hier, ferner: Restaurateur Johann Weigert, Landwirt Johann Groß, beide von hier und der Zimmermann Max Meier von Reifelding aus der NSDAP., sowie Spediteur und Kohlenhändler Johann Raith un dder Maurer Jakob Weinbeck, beide von hier, aus der S.P.D. Möge es den neugewählten Herren gegönnt sein, in ersprießlicher Zusammenarbeit zum Segen unserer großen Marktgemeinde ihres keineswegs leichten Amtes zu walten! —

Am **16. Juni 1933** nehmen die SPD-Gemeinderäte Johann Reith und
Jakob Weinbeck zum letzten Mal an einer Gemeinderatssitzung teil.
In dieser wird Weinbeck, fast unglaublich, in die Baukommission ge-
wählt und als Ersatzmann in den Ortsfürsorgeausschuss.

Ladung.

Sämtliche Mitglieder des Gemeinderates werden hiermit gegen Unterschrift zu der am

F r e i t a g, den **16. Juni** 193**3.**

nach mittags 7½ Uhr

im Gemeindehause stattfindenden Gemeinderatssitzung mit dem Bemerken geladen, daß bei nicht genügend entschuldigtem
Ausbleiben gemäß Art. 25 der G.-O. Ordnungsstrafen bis zu 200 RMark zu gewärtigen sind.

Gegenstände der Verhandlung:

Donaustauf, am **14. Juni** 193**3.**

Der 1. Bürgermeister:

Namen der Gemeinderäte	Bescheinigung der Ladung durch Unterschrift
II.Bürgermeister Herr Michael Müller, fürstl.Oberförster.	
Johann Gross, Landwirt	
Florian Widl, Gastwirt	
Jakob Weinbeck, Maurer	
Georg Sauerer, Landwirt	
Michael Kastenmeier, Landwirt	
Johann Weigert, Restaurateur	
Johann Reith, Spediteur	
Josef Gomeier, Baumeister	
Valentin Unterstöger,Walhallaoffi= ziant a.D.	
Max Meier, Zimmermann.	

Form.-Nr. 411½
Verlagsanstalt Leonhard Woll, Regensburg

T a g e s o r d n u n g
= = = = = = = = = = =

zur Gemeinderatssitzung am 16. Juni 1933.

1. Bildung der einzelnen gemeindlichen Ausschüsse

2. Genehmigung der Wasserleitungsbaukassa 1929

3. Bezirksumlagenniederschlagung für Eibl Franziska

4. Pflasterung bei dem Anwesen des Rupert Mausshammer

5. Wasserleitung im Hause Nr 1

6. Parkplatz

7. Biersteuer

Gemeinderatsprotokoll vom 16. Juni 1933, Gemeindearchiv Donaustauf

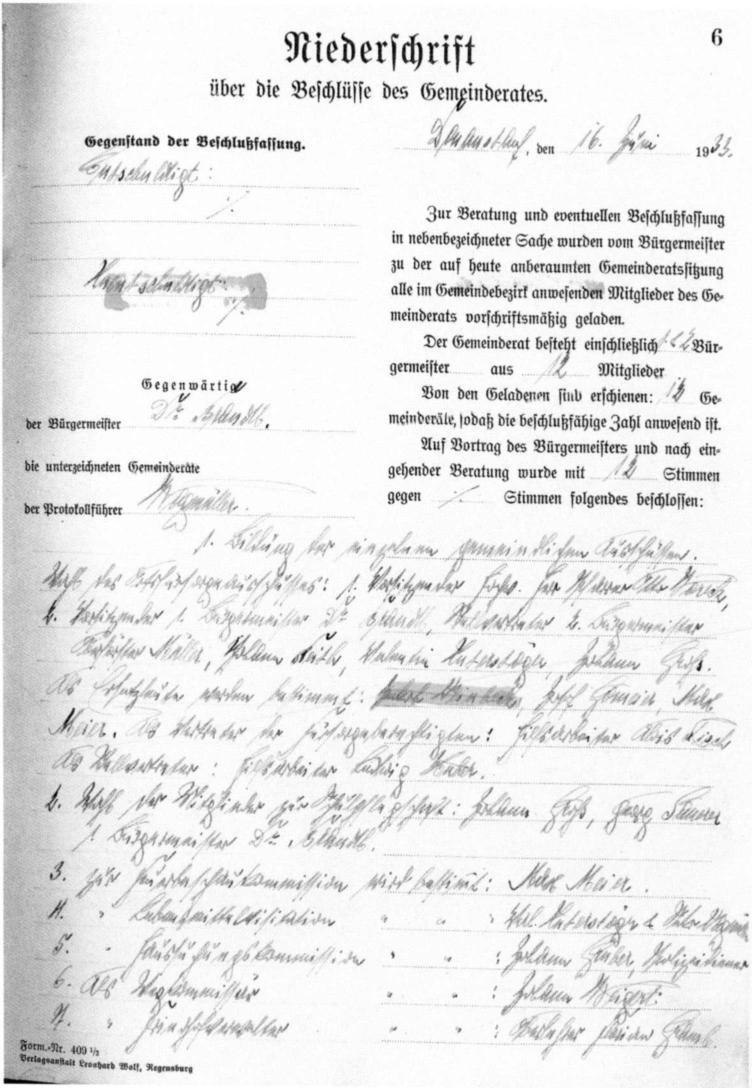

Niederschrift
6

über die Beschlüsse des Gemeinderates.

Gegenstand der Beschlußfassung. Donaustauf, den 16. Juni 1933.

Zur Beratung und eventuellen Beschlußfassung in nebenbezeichneter Sache wurden vom Bürgermeister zu der auf heute anberaumten Gemeinderatssitzung alle im Gemeindebezirk anwesenden Mitglieder des Gemeinderats vorschriftsmäßig geladen.

Der Gemeinderat besteht einschließlich des Bürgermeister aus 12 Mitglieder

Von den Geladenen sind erschienen: 12 Gemeinderäte, sodaß die beschlußfähige Zahl anwesend ist.

Auf Vortrag des Bürgermeisters und nach eingehender Beratung wurde mit 12 Stimmen gegen –/– Stimmen folgendes beschlossen:

Gegenwärtig

der Bürgermeister

die unterzeichneten Gemeinderäte

der Protokollführer

Form.-Nr. 409 1/2
Verlagsanstalt Leonhard Wolff, Regensburg

Niederschrift Gemeinderat Seite 1

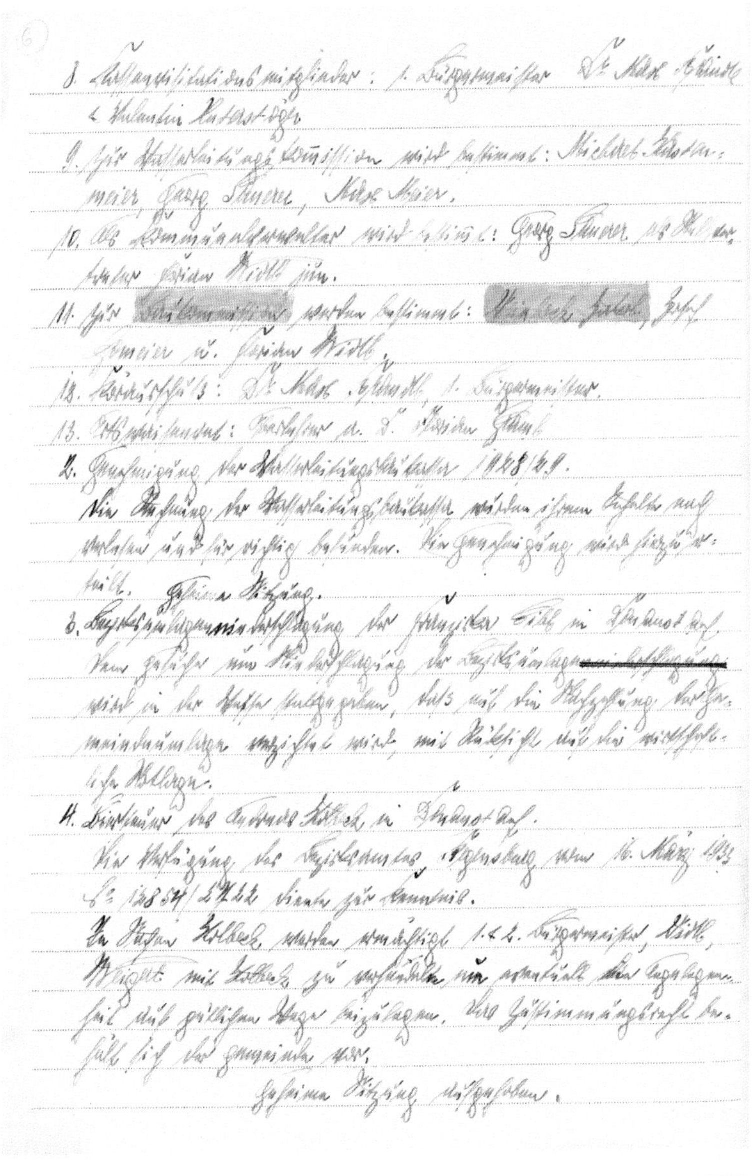

Niederschrift Gemeinderat Seite 2

Niederschrift

über die Beschlüsse des Gemeinderates.

7

Gegenstand der Beschlußfassung.

, den 19

Zur Beratung und eventuellen Beschlußfassung in nebenbezeichneter Sache wurden vom Bürgermeister zu der auf heute anberaumten Gemeinderatssitzung alle im Gemeindebezirk anwesenden Mitglieder des Gemeinderats vorschriftsmäßig geladen.

Der Gemeinderat besteht einschließlich Bürgermeister aus Mitglieder.

Von den Geladenen sind erschienen: Gemeinderäte, sodaß die beschlußfähige Zahl anwesend ist.

Auf Vortrag des Bürgermeisters und nach eingehender Beratung wurde mit Stimmen gegen Stimmen folgendes beschlossen:

Gegenwärtig:

der Bürgermeister

die unterzeichneten Gemeinderäte

der Protokollführer

Groß
Meier.

Kött.
Bauerer

Weinbeck
Weigert
Sammer

Form.-Nr. 409 ½
Verlagsanstalt Leonhard Wolf, Regensburg

Verbot der SPD

Bei der nächsten Gemeinderatssitzung am **30. Juni 1933** sind die beiden noch verbliebenen SPD-Mitglieder Reith und Weinbeck nicht mehr dabei. Bei dieser Sitzung sind im Gemeinderat nur acht Mitglieder und der 1. und 2. Bürgermeister anwesend.

Der Grund für das Ausscheiden der beiden SPD-Gemeinderäte ist folgender:

Am **22. Juni 1933** wird die vom NS Regime als „staats- und volksfeindlich" bezeichnete SPD in Deutschland vom Reichsminister des Innern verboten. Alle SPD-Mitglieder müssen ihre politischen Ämter abgeben. In der amtlichen Begründung aus Berlin steht: „Insbesondere sollen sämtliche Mitglieder der SPD, die heute noch den Volksvertretungen und Gemeindevertretungen angehören, von der weiteren Ausübung ihrer Mandate sofort ausgeschlossen werden." Schon am 10. Mai wurde das Parteivermögen der SPD beschlagnahmt. Zahlreiche Personen aus Regensburg werden verhaftet.

Damit nicht genug, erfolgt drei Wochen später ein generelles Parteienverbot. Am **14. Juli 1933** erlässt die Reichsregierung folgendes Gesetz:

„§1. In Deutschland besteht als einzige politische Partei die NSDAP."

Unterzeichnet ist das Gesetz von:

Reichskanzler: A. Hitler,
Reichsminister des Innern: W. Frick und
Reichsminister der Justiz: Dr. Gürtner.

Die Enttäuschung über den Mandatsverlust ist groß. Vom **9. Januar 1925** bis zum **16. Juni 1933**, insgesamt achteinhalb Jahre, ist Jakob

Weinbeck ohne Unterbrechung Mitglied des Donaustaufer Gemeinderats gewesen. Er gestaltete zusammen mit zunächst 19 weiteren Gemeinderatsmitgliedern und zwei Bürgermeistern die Donaustaufer Politik. Mein Großvater nahm seine Aufgabe als Gemeinderat sehr ernst. Zuverlässig war er bei fast allen Sitzungen präsent. Seine regelmäßige Anwesenheit beweisen seine Unterschriften auf fast allen Sitzungsprotokollen. Die Verhaftungen von politischen Gegnern fanden nicht im Geheimen statt. Um Angst zu verbreiten, wurden die in Schutzhaft genommenen Personen sogar namentlich in den Zeitungen veröffentlicht. Ein Beispiel dazu aus der Donaupost:

Regensburger Chronik

43 Personen in Schutzhaft genommen. Auf Veranlassung der bayerischen Staatsregierung wurden am Samstag abend etwa 43 Angehörige der SPD. bezw. der Freien Gewerkschaften und der KPD. verhaftet und in Schutzhaft genommen. Unter den Verhafteten befinden sich der frühere sozialdemokrat. Landtagsabgeordnete Bayerer, der frühere Redakteur der sozialistischen Zeitung Regensburg Rothammer sowie Sekretäre der verschiedenen Regensburger Freien Gewerkschaftsvertretungen, 2. Bürgermeister Herrmann, M. d. R., Reg.=Rat Graf, M. d. L. Jakob Blümlein, Sekretär Max Schinabeck, der frühere Stadtrat Esser, der Prokurist der oberpfälzisch=niederbayerischen Bauhütte Johann Seidl, der Bauunternehmer Emil Hafner, der frühere Stadtrat Josef Zollitsch, Hauptlehrer Heinrich Belz, der frühere Vorsitzende der gemeinnützigen Baugenossenschaft Stadtamhof Johann Hayder, der Krankenkassenangestellte Jos. Barth, der Sekretär des Einheitsverbandes deutscher Eisenbahner H. Hergeht, Fritz Enderlein; vom Reichsbanner wurden verhaftet Johann Zöllner, der Schufoführer Franz Kobl, die Sekretäre des Bauarbeiterverbandes Josef Wankerl und Wilhelm Dombrowsky, techn. Leiter der Eisernen Front Jakob Deubler, ehem. Kreissekr. des Reichsbundes der Kriegsbeschädigten Alois Zettl und Kaufmann Mittenmeier nebst Sohn von Dechbetten. Gewerkschaftssekretär Michael Burgau, früherer Vorsitzender des Reichsverbandes der Kriegsbeschädigten Ferd. Rudolf, Gausekretär Hans Semmler, früh. Direktor der Bauhütte M. Bauer, Leiter der soz. Arbeiterjugend Hauptlehrer Preinl und der Vorsitzende der kommunistischen Roten Hilfe Jakob Leykam müssen sich täglich bei der Polizeidirektion melden. Von Mitgliedern der früheren KPD. wurden verhaftet: Karl Diem, Karl Glonning, Max Bachfischer, Josef Stern, Rupert Danner jun., Johann Stadler und Oskar Graf.

Artikel über in Regensburg in Schutzhaft genommene Personen, 28. Juni 1933, Donaupost

Gymnasiu

Reife

Sohn des ....

in ....

geboren am .... 5. März 19..

.... kath. .... Bekenntnisses, der se

war und die 8. Klasse während de

im .... als je d

Ergebnisse der Prüfung als befäh

worden.

04

Die NS-Zeit
1933–1945

Rückzug ins Private

Der überzeugte Sozialdemokrat zieht sich ins Privatleben zurück. Sich weiter öffentlich kritisch über das NS-Regime zu äußern, hätte mit großer Wahrscheinlichkeit den Abtransport ins KZ nach Dachau zur Folge gehabt. Diesem Schicksal ist er knapp entronnen. Es schwirren in Donaustauf auch heute noch Gerüchte über die Rolle des Reifeldinger Kellers herum. Danach sollen dort während der NS-Zeit Widerständler versteckt worden sein. Ob das stimmt und ob Jakob Weinbeck da seine Finger mit im Spiel hatte, ist nicht bekannt. Schriftliche Aufzeichnungen oder Dokumente darüber sind bislang nicht aufgetaucht.

Das Leben der Familie Weinbeck ist ab JULI 1933 von der Arbeit Jakob Weinbecks als Maurer bei der Firma Frank & Hummel und der Versorgung des Bauernhofes und der Kinder bestimmt. Aber auch die Politik des NS-Regimes greift weiter in das Leben der Familie ein.

Besonders Tochter Gretl bekommt dies zu spüren. Sie hilft nach der Volksschule zunächst drei Jahre im elterlichen Betrieb mit. Ab 1935 nimmt sie verschiedene Tätigkeiten an. Sie arbeitet in der Landwirtschaft, in Haushalten und in einer Gärtnerei. In Bayreuth findet sie für ein halbes Jahr in einem Lehrerhaushalt eine Anstellung. Dort entdeckt sie in einer Zeitung ein Stellenangebot. Sie bewirbt sich, bekommt die Stelle und arbeitet von 1937 bis 1941 in Berlin als Haushaltshilfe bei der Familie Frankenhoff. Die Frankenhoffs wandern 1941 nach Chile aus. Gretl kehrt deshalb nach Donaustauf zurück.

Sie arbeitet wieder im Haushalt. Im MAI 1942 heiratet sie den Donaustaufer Hermann Reichinger. Die Ehe steht unter keinem guten Stern. Am 8. FEBRUAR 1943 bekommt Gretl einen Sohn, der nur einen

Hochzeitsfoto von Tochter Margareta am 6. Mai 1942, von links: Jakob, Maria (Mutter), Maria, Margareta, Theres, Barbara und Jakob (Vater) Weinbeck, Foto: Familienarchiv

Tag lebt. Ein schwerer Verlust für die Eltern. Doch das Leben geht weiter. Hermann Reichinger muss als Soldat nach Italien, während Gretl verpflichtet wird, als Schaffnerin beim Walhallabockerl zu arbeiten. Die legendäre Bahn fährt zwischen Stadtamhof bei Regensburg und Wörth an der Donau. Kurz vor der Geburt seiner Tochter Greti im **Mai 1944** wird Hermann Reichinger an der italienischen Adria am Oberschenkel verwundet. Nach einem Lazarettaufenthalt und sechs Wochen Urlaub in Donaustauf muss er wieder an die italienische Front. Dort kommt er 1944 bei einem Fliegerangriff am Flughafen von Bologna ums Leben.

Tochter Theres, von allen wird sie Res genannt, arbeitet beim Milchwerk in Regensburg. Betti (Barbara), das jüngste Kind und meine spätere Mutter, besucht nach der Volksschule die verpflichtende Berufsschule und hilft ihrer Mutter in der Landwirtschaft. Tag für Tag fährt sie mit ihr, ihrem Opa Georg und auch ihrer Nachbarin Frau Fisch auf die Felder. Sie sorgen dafür, dass genug angebaut wird, damit die Familien nicht verhungern müssen. Deshalb hat die Familie auch während des Krieges, im Gegensatz zu einem Großteil der städtischen Bevölkerung, genug zu essen.

Mein Opa bleibt weiterhin ein Gegner der Nationalsozialisten. Er verbietet seiner Tochter Betti, sich der Jugendorganisation der NSDAP, dem Bund Deutscher Mädchen (BDM) anzuschließen. Sie ist darüber sehr enttäuscht. Gerne hätte sie sich dort mit ihren Freundinnen getroffen, gesungen und Gitarre gespielt. Da der Vater das nicht erlaubt, stellt sie sich jeden Abend an das offene Küchenfenster. Mit der Gitarre oder dem Schifferklavier in der Hand spielt sie heimatliche Lieder und singt dazu. Zur Freude der Familie und der Nachbarn.

Erneuter Verlust

Der ganze Stolz der Familie ist Sohn Jakob, von allen „Jak" genannt. Er ist blitzgescheit und darf als einziges Kind ins Alte Gymnasium nach Regensburg gehen. Die Eltern wünschen sich, dass er Pfarrer wird. Er wohnt im Internat des Karmeliterordens in der Kumpfmühlerstraße 37, direkt neben der St.-Theresia-Kirche.

Jak Weinbeck vor dem Karmeliterinternat in Kumpfmühl, obere Reihe, 1. von rechts,
Foto: Familienarchiv

Der Ausbruch des Zweiten Weltkriegs durchkreuzt Jaks Zukunfts-
vorstellungen. Mit dem Studium wird es erst einmal nichts. 1943
wird ihm vorzeitig das Abitur zuerkannt, da er eine Einberufung zum
Wehrdienst erhält.

Gymnasium Regensburg

Reifezeugnis

Jakob W e i n b e c k

Sohn des ......Maurers...... Herrn ...Jakob .W.

in ...Donaustauf......, Landkreis ...Regensburg

geboren am ......5. März 1923...... zu ..Donaustauf

...kath.... Bekenntnisses, der seit ......1936...... Schüler des Gymnasiums

war und die 8.* Klasse während des Schuljahres 19.41. / .42. besuchte, hat sich

im .... ds. Js. der Reifeprüfung unterzogen und ist nach dem

Ergebnisse der Prüfung als b e f ä h i g t zum Uebertritt an die Hochschule erklärt

worden.

Der Fleiß dieses gediegenen und bescheidenen Schülers war
gewissenhaft und gründlich, sein Interesse für den Unterricht an-
zuerkennen. Seine Leistungen gehörten zu den besten der Klasse,
ganz besonders in den Leibesübungen. Auch am Chorgesang und am
englischen Wahlunterricht beteiligte er sich mit sehr gutem Erfolg.

Dem Schüler wird auf Grund der nachgewiesenen Einberufung zum Wehrdienst gemäß Erlaß des Herrn Reichsministers für
Wissenschaft,Erziehung und Volksbildung von 6.Sept.1939 E III a
1947 ,RV (b) - die Reife zuerkannt.

Im einzelnen lassen sich seine Kenntnisse nach den ~~bei der Prüfung und~~ während des Schuljahres gegebenen Proben folgendermaßen bezeichnen:

Leibeserziehung:

in der Leichtathletik ... 7 (sieben) ...

im Turnen . . 9 (neun) ...

im Schwimmen . ---

im Spiel . . . 9 (neun) ...

im Boxen . . ---
allgemeine körperliche
Leistungsfähigkeit ... sehr gut ...

Deutschkunde:

in der deutschen Sprache ... gut ...

in der Geschichte ... gut ...

in der Erdkunde ... sehr gut ...

Naturwissenschaften und Mathematik:

in der Biologie . . ---

in der Physik . . gut

in der Mathematik . sehr gut

Fremdsprachen:

in der lateinischen Sprache ... gut ...

in der griechischen Sprache ... gut ...

in der französischen Sprache ... sehr gut ...

Religionslehre:

Regensburg, den ... 5. Apr. 1943 ...

Der Ministerialbeauftragte:

Der Oberstudiendirektor:

(zugleich Ministerialbeauftragter)

Die Leistungen in den Leibesübungen werden nach Punkten (0—9) gewertet:
  9 Punkte: ganz hervorragende Leistungen.
  5 Punkte: Durchschnittsleistung der Altersstufe,
  0 Punkte: völlig ungenügende Leistungen,

Notenstufen: 1 = sehr gut
2 = gut
3 = befriedigend
4 = ausreichend
5 = mangelhaft
6 = ungenügend

Familie Weinbeck 1939, von links: Karl, Margareta, Jakob (Vater), Barbara mit Gitarre, Maria, Theres, Maria (Mutter) und Jakob, Foto: Privatbesitz

Die Weinbeck-Geschwister 1939, von links: Theres, Jak, Maria, Barbara, Karl und Margareta, Foto: Privatbesitz

Nach einer kurzen militärischen Ausbildung muss Jak an die russische Front.

Die letzten Fotos mit Sohn Jak, denn er wird am **13. September 1943** während einer Schlacht beim Kubanbrückenkopf auf der Halbinsel Krim erschossen. Er ist noch keine 21 Jahre alt. Ein Desaster für die leidgeprüfte Familie. Den einzigen Sohn, der auf das Gymnasium gehen durfte, verliert sie. Ob die Ehrungen und Abzeichen ein Trost für die Familie waren? Was bleibt sind Erinnerungen, Fotos und Feldpostbriefe.

Jak Weinbeck, 1943

Besitzeugnis

Dem

Gefreiter u. R.O.B. Jakob Weinbeck

[Name, Dienstgrad]

2./Pi.173

[Truppenteil, Dienststelle]

ist auf Grund

feiner am 23. August 1943 erlittenen

3..maligen Verwundung – Beschädigung

das

Verwundetenabzeichen

in Silber

verliehen worden.

Btl.Gef.Std. den 25.August 1943

[Unterschrift]

Hauptmann u.Btl.-Kdr.

[Dienstgrad und Dienststelle]

Verwundetenabzeichen in Silber vom 25. August 1943,
Familienarchiv

Ein edles Herz hat aufgehört zu schlagen! Immer hoffend auf ein baldiges, frohes Wiedersehen traf uns hart und schwer die traurige Nachricht, daß auf dem Felde der Ehre unser lieber, herzensguter Sohn, Bruder, Schwager, Neffe und Kusin

Jakob Weinbeck

Uffz. u. KOB. in einem Pionier-Batl. Inhaber des E. K. II und des Verwundetenabzeichens Absolvent des Alten Gymnasiums

am 13. September 1943 im Alter von 20½ Jahren in soldatischer Pflichterfüllung bei den schweren Kämpfen im Osten den Heldentod für seine Lieben fand.

Donaustauf, Im Felde, München, Tegernheim, Reifelding, den 13. Oktober 1943.

In tiefstem Leid: Die schmerzgebeugten Eltern: Jakob Weinbeck mit Frau Maria, geb. Kollmannsberger, Geschwister und übrige Verwandte.

1. Trauergottesdienst hat bereits am 12. Oktober 1943 in der Theresienkirche Kumpfmühl stattgefunden. – 2. Trauergottesdienst am Dienstag, den 19. Oktober 1943, um 9.30 Uhr in Donaustauf.

Für die uns mündlich und schriftlich zugegangenen Beweise aufrichtiger Anteilnahme sowie die große Beteiligung an den beiden Trauergottesdiensten anläßlich des Heldentodes unseres lb. unvergeßl. Sohnes und Bruders Jakob Weinbeck, Uffz. in e. Pionier-Batl., sagen wir auf diesem Wege allen unseren herzlichsten Dank, besonders H. Kämmerer Voreck, der Geistlichkeit, sowie den beiden Kirchenchören. – Donaustauf, im November 1943. Die tieftrauernden Eltern: Jakob und Maria Weinbeck, mit Geschwistern und übrigen Verwandten.

Zeitungsausschnitte zum Tod von Jakob
Weinbeck, Familienarchiv

A b s c h r i f t .

*Mitteilung
über den Tod
von Jakob
Weinbeck von
Oberleutnant
und Kom-
panieführer
König,
17. September
1943, Fami-
lienarchiv*

17. 9. 1943.

Sehr geehrter Herr Weinbeck!

Jch habe die schwere Pflicht Jhnen die schmerzliche Mitteilung machen zu müssen, daß Jhr Sohn, Uffz. Weinbeck
am 13. 9. 43 den Heldentod gefunden hat.
Die Kompanie war eingesetzt im Hafen von Noworossijsk.
Bei diesen überaus harten Häuserkämpfen, die uns so man-
chen Kamerad genommen haben, fiel Jhr Sohn durch einen
Schuß durch den Rücken. Er verstarb sofort. Als frischer
und fröhlicher Kamerad war er uns allen ans Herz gewachsen.
Die Kompanie verliert in ihm einen vorbildlichen Unter-
offizier. Schneidig führte er seine Gruppe und verlor
nie seinen guten Humor.
Seine letzte Ruhestätte befindet sich an der Stelle seines
höchsten Opfers. Sie befindet sich jetzt in Feindeshand.
Es wäre töricht von mir Jhnen das zu verschweigen. Der
Boden ist geweiht durch das Blut vieler Kameraden. Jhr
lieber Sohn, unser Kamerad hat sein Höchstes für seine
Heimat gegeben, getreu seines Eides. Möge Jhnen, Herr
Weinbeck, das ein kleiner Trost sein in Jhrem tiefen
Schmerz. Jn den Herzen aller Kameraden wird er weiterleben.
Der Nachlaß Jhres Sohnes wird Jhnen umgehend zugesandt.
Bezüglich Versorgungsfragen wenden Sie sich bitte an den
zuständigen Fürsorgeoffizier.
Jch versichere Jhnen die aufrichtige Anteilnahme der
ganzen Kompanie und verbinde damit meine tiefe Anteilnahme.
                    Heil Hitler
                Jhr
                    gez. König,
                    Oblt. u. Kp. Fhr.

Für die Richtigkeit der Abschrift:
                Donaustauf, den 8. Oktober 1943.
                Der Bürgermeister:
                J.A.

Nach-
trägliche
Verleihung
des Kuban-
schildes am
1. Oktober
1944,
Familien-
archiv

Dienststelle
Feldpost-Nr.14562

Jm Felde, den 17.12.44

An Herrn
Jakob Weinbeck
Donaustauf bei Regensburg

Für die ehrenvolle Teilnahme an den Kämpfen im Kubanbrückenkopf
wurde Jhrem gefallenen Sohne, dem

Unteroffizier Jakob Weinbeck

durch Generalfeldmarschall v. Kleist der Kubanschild verliehen.
Als Erinnerungsstück wird Jhnen 1 Kubanschild mit Besitzzeugnis übersandt

Leutnant u.Einh. Fhr.

Besitzzeugnis

Im Namen

des Führers

wurde dem   Unteroffizier
(Dienstgrad)

Jakob Weinbeck
(Vor- und Familienname)

2./Pi.173
(Truppenteil)

der Kubanschild verliehen.

H.Qu., den   1.10.44

Generalfeldmarschall

Besitzzeugnis

Dem   Gefreiten u. ROB.
(Dienstgrad)

Jakob Weinbeck
(Vor- und Zuname)

2./Pi.173
(Truppenteil)

WURDE DAS

Sturmabzeichen

verliehen.

Btl. Gef. Stand, den 26. 8. 1943

Hptm. u.u. Btl.-Kdr.

Im Namen des Führers
und Obersten Befehlshabers
der Wehrmacht

verleihe ich

dem

Gefreiten

Jakob Weinbeck

2./Pi.Btl.173

das

Eiserne Kreuz 2.Klasse

Div.Gef.Stand, den 7. August 1943

Generalleutnant u.Div.Kommandeur.
(Dienstgrad und Dienststellung)

Ehrungen und Abzeichen, Familienarchiv

Von links: Enkelkind Marianne (Adlhoch), Enkelkind Karl (Weinbeck) und Enkelkind Resi (Rauh) vor dem Bauernhaus der Weinbecks. Im Hintergrund sind die im Feldpostbrief von Sohn Jak erwähnten Stufen zu sehen, wo während der NS-Zeit unter anderem über Politik diskutiert wurde. Das Foto ist vom Sommer 1954, Familienarchiv.

Obwohl sich mein Großvater während der NS-Herrschaft in der Öffentlichkeit politisch nicht mehr äußert, wird innerhalb der Familie weiter über Politik diskutiert. Sohn Jak schreibt am **17. Juni 1943** von der Halbinsel Krim in einem Feldpostbrief: „Jetzt könnt ihr wieder vor unserem Hause abends auf den Stufen sitzen und euch über Politik, Landwirtschaft oder sonst etwas unterhalten."

05

Die Nachkriegszeit

Der Entnazifizierungsprozess

Im **Mai 1945** ist der Krieg zu Ende. Die Alliierten wollen die Verbrechen der Nazi-Zeit aufklären und klagen die Verantwortlichen an. Deswegen holt den ehemaligen SPD-Gemeinderat Weinbeck sein politisches Engagement während der Weimarer Republik nochmals ein. Bürgermeister Dr. Max Brandl, mit dem er noch ein paar Wochen im Gemeinderat saß, muss sich wegen seiner Parteimitgliedschaft bei der NSDAP und wegen seines politischen Amtes als Erster Bürgermeister von Donaustauf in der Zeit von **1933** bis **1937** einem Entnazifizierungsprozess unterziehen. Die von den Alliierten nach Kriegsende **1945** eingerichteten Stellen, die für die Untersuchungen der Nazi-Verbrechen zuständig waren, nannten sich Spruchkammern. Brandl wird am **19. Januar 1946** festgenommen. Er verbringt 19 Monate in Internierungslagern. Zunächst kommt er ins Lager Plattling und wird dann in das Internierungslager XIV nach Aschaffenburg gebracht. Schließlich verlegt man ihn in das Internierungslager Regensburg. Dort wird er am **31. Juli 1947** entlassen. Donaustauf gehört zur US-Zone. Deshalb sind die Amerikaner für die Entnazifizierungsmaßnahmen zuständig. Es gibt fünf Kategorien, in die Angeklagte eingestuft werden können:

Gruppe I: Hauptschuldiger

Gruppe II: Belasteter

Gruppe III: Minderbelasteter

Gruppe IV: Mitläufer

Gruppe V: Entlasteter

Aus dem Spruchkammerakt

In der Anklageschrift des öffentlichen Anklägers wird der ehemalige Donaustaufer Bürgermeister Dr. Brandl zunächst in die *Gruppe II* (Belastete) eingestuft. Zu seiner Entlastung versichert sein Rechtsanwalt Dr. Karl Bullacher in einem Brief vom **19. Juni 1947** an die Spruchkammer, dass Dr. Max Brandl sich für den Schutz der Bevölkerung eingesetzt hat: Danach unterstützte er Opfer und Gegner des Nationalsozialismus. Die Inhaftierung einer Anzahl Personen wurde von ihm verhindert, obwohl dies gefordert wurde.

Bei der Eingruppierung des Betroffenen ist zu Gunsten desselben zu berücksichtigen :

a) seine wiederholte Unterstützung von Opfern und Gegnern des Nationalsozialismus.

Ich verweise hier auf die Bestätigung des Florian K i r c h - m a y e r : „ Dr. Brandl stand für mich bei der Kreisleitung gut und setzte sich auch sonst für mich ein. Auf Grund dessen kam ich nicht in das KZ Lager.

Der Zeuge Hans H a r r e r erklärt, daß er wegen seiner Wahlenthaltung verhaftet werden sollte, daß aber Dr.Brandl sich für ihn einsetzte und ihn so vor der Verhaftung bewahrte.

Auch der Zeuge R e i t h erklärt, daß der Betroffene verhinderte, daß er verhaftet wurde und dieser Zeuge ist Mitglied der sozialdemokratischen Partei und hätte für einen wirklichen Nazi bestimmt diese Erklärung nicht abgegeben.

Das Gleiche gilt von dem Zeugen W e i n b e c k .

In der eidestattlichen Erklärung der Zeugen R e i t h , W e i n - b e c k und K i r c h m a y e r ist bestätigt, daß Dr.Brandl mehrere Personen vor der Verhaftung geschützt hat und nur der gute Geist a l l e r politisch Verfolgten war.

Dokument aus dem Spruchkammerakt von Dr. Max Brandl, S. 6, Regensburg-Land B 220, Staatsarchiv Amberg

Umfangreiche Ermittlungen werden aufgenommen. Die Donaustaufer Bürger werden um Stellungnahmen gebeten. Viele setzen sich für ihren ehemaligen Bürgermeister ein und schreiben Entlastungsbriefe.

Auch die SPD Donaustauf bemüht sich um die Freilassung von Dr. Brandl. Der ehemalige Gemeinderat Florian Kirchmeier, der am **31. März 1933** aus dem Gemeinderat auf Anordnung der NSDAP ausgeschlossen werden sollte, richtet als Leiter des Ortsvereins der SPD am **5. November 1946** folgendes Schreiben an die Spruchkammer:

Ortsverein der S.P.D.
Donaustauf.

Der praktische Tierarzt Dr. Max Brandl, Donaustauf war Parteimitglied und Veterinär des SS-Reitersturms, Regensburg. Er befindet sich z. Zt. in politischer Haft im dortigen Lager.
Dr. Brandl ist bei allen Schichten der Bevölkerung und ganz besonders beim Landvolk sehr beliebt und geachtet. Von seiner Parteiangehörigkeit hat er in keiner Weise Gebrauch gemacht und sich nicht im Geringsten aktiv betätigt, im Gegenteil, er hat bekannte Nazigegner Donaustaufs geschützt und dies sogar während der Zeit, in der als Bürgermeister unserer Gemeinde eingesetzt war. Dr. Brandl ist einer der wenigen Nazis die die Bezeichnung "nominelles Mitglied" wahrhaft verdient und seine Inhaftierung wurde von der ganzen Bevölkerung aufs tiefste bedauert. Obwohl ihm als Bürgermeister große Machtbefugnisse gegen "Andersdenkende" zur Verfügung standen, hat er davon niemals Gebrauch gemacht, sondern sich so wenig als möglich um die Nazipolitik gekümmert.
Da es der allgemeine Wunsch der Bevölkerung und im besonderen Masse des Landvolks ist, dass Dr. Brandl recht bald wieder auf freien Fuss gesetzt wird und seine Tätigkeit als Tierarzt wieder ausüben kann, bittet der Ortsverein der SPD, Donaustauf das Verfahren gegen Dr. Brandl so schnell als möglich durchzuführen.

Der Leiter des Ortsvereins der SPD
Donaustauf
gez. Kirchmeier Florian.

Schreiben von Florian Kirchmeier, Leiter des Ortsvereins der SPD, Spruchkammerakt Regensburg-Land B 220, Staatsarchiv Amberg

Dass sich auch der ehemalige Gemeinderat Jakob Weinbeck für den ehemaligen NSDAP-Bürgermeister Dr. Brandl nach 1945 einsetzt, beweist ein Schreiben, das in dessen Spruchkammerakt zu finden ist. Neben vielen Donaustaufer Bürgern und den Parteien verfasst Jakob Weinbeck am **12. JANUAR** 1946 folgendes persönliche Schreiben für Brandl:

Donaustauf, 12. Januar 1946.

Folgendes versichere ich hiermit an Eidesstatt auch zur Verwendung vor Gericht, wobei es mir bekannt ist, dass ich mich strafbar mache, wenn ich eine falsche eidesstattliche Versicherung abgebe.

Dr. Max Brandl war von 1933 bis 1937 Bürgermeister von Donaustauf. Als Mitglied der sozialdemokratischen Partei war ich im Gemeinderat von März 1933 bis Juli 1933 . Mit Übernahme der Gewaltherrschaft durch die Nazis war ich als Gegner des Hitler Regims gezwungen, das Amt als Gemeinderat abzugeben. In dieser Zeit verhinderte Dr. Max Brandl, dass ich verhaftet wurde. Ich selbst kann bezeugen, dass Dr. Brandl während seiner Amtstätigkeit als Bürgermeister seine ganze Person für das Wohl der Bevölkerung ohne Unterschied der Parteizugehörigkeit einsetzte und Härten verhinderte, die der Bevölkerung durch das Amtieren eines überzeugten Hitler-Anhängers auferlegt worden wären.

Jakob Weinbeck

Schreiben von J. Weinbeck, Spruchkammerakt Regensburg-Land B 220, Staatsarchiv Amberg

Das Dokument beweist, dass Weinbeck als Gegner der Nazis ins KZ gekommen wäre, wenn Dr. Max Brandl sich nicht für ihn eingesetzt hätte. Hier lüftet sich das Geheimnis, wer die schützende Hand über meinen Opa gehalten hat.

Die Spruchkammer des Internierungslagers Regensburg erlässt am 27. Juni 1947 für den ehemaligen Bürgermeister Dr. Max Brandl das Urteil. Es lautet:

*„Der Betroffene ist Minderbelasteter (*Gruppe III).*“* Brandl wehrt sich gegen dieses Urteil. Er schaltet seinen Münchner Rechtsanwalt Dr. Karl Bullacher ein. Dieser fordert in einem Schreiben vom 19. Juni 1947 eine Einstufung als Mitläufer. Zusätzlich verfasst Brandl am 7. Mai 1948 ein Gnadengesuch. Darin bittet er um ein Nachverfahren. In einem Schreiben vom 7. Juli 1948 beantragt er eine Wiederaufnahme seines Spruchkammerverfahrens und die Einstufung in die Gruppe IV (Mitläufer). Das Gnadengesuch wird befürwortet. Am 1. Oktober 1948 ergeht von der Hauptkammer Regensburg der endgültige Spruch: Der Betroffene ist Mitläufer (Gruppe IV).

Die Spruchkammer **III**

jetzt Hauptkammer Regensburg   Regensburg, den **1. Okt. 1948**
                                                    Datum

Aktenzeichen: **B 922**

Auf Grund des Gesetzes zur Befreiung von Nationalsozialismus, und Militarismus vom 5. März 1946 erläßt die

~~XXXXXXXX~~ **Hauptkammer** bestehend aus

1. **K a u n z i n g e r Michael** _____ als Vorsitzender

2. **F o e r t s c h Johannes** _____ als Beisitzer

3. **G a w e l l e c k Kurt** _____ als Beisitzer

4. _____ als Beisitzer

5. _____ als Beisitzer

6. _____ als öffentlicher Kläger

7. _____ als Protokollführer

gegen   **Dr. B r a n d l Max, Tierarzt, geb. 30.11.1893**

   wohnhaft Donaustauf, Nr. 36

~~XXXXXXXXXXXXXXXXXXXXXXX~~ — im schriftlichen Verfahren — folgenden

Spruch:

Der Betroffene ist: **Mitläufer (Gruppe IV) gem. Art. 12 d.Befr.Ges. und
                                  Art. 42, Abs. II**

Es werden ihm folgende Sühnemaßnahmen auferlegt:

**Ohne weitere Sühneleistung, da der Betroffene die ihm mit Spruch
vom 27.6.1947 auferlegte Sühne zuzüglich Verfahrenskosten bereits
bezahlt hat.**

Die Kosten des Nachverfahrens betragen DM 160.— lt. AV 20 a § 11.

Begründung:

**Der öffentliche Kläger beantragte gemäss Entscheidung des Herrn
Staatsministers für Sonderaufgaben vom 6.9.1948 in Anwendung des
Art. 53 die Einstufung in die Gruppe IV der Mitläufer.**

                        bitte wenden!

F 17 230 6. 48 N/0215

---

*Urteil der Spruchkammer vom 1. Oktober 1948, Spruchkammerakt Regensburg-Land
B 220, Staatsarchiv Amberg*

Zur gleichen Zeit, nach dem Ende des Zweiten Weltkrieges, finden in Nürnberg die Kriegsverbrecherprozesse gegen die NS-Verantwortlichen statt. Untergebracht sind die Angeklagten im gleichen Gefängnis, in dem mein Großvater 1911 seine sechsmonatige Gefängnisstrafe abgesessen hat. Welche Gedanken und Erinnerungen werden dem Nazi-Gegner wohl bei der Verfolgung der Prozesse durch den Kopf gegangen sein? Seine politischen Gegner, untergebracht im gleichen Gefängnis, in dem er vor 35 Jahren ein knappes halbes Jahr hinter Gittern saß.

Nachkriegszeit

Viel Platz ist nicht auf dem bescheidenen Bauernhof der Weinbecks. Auch das Geld ist knapp. Mein Opa arbeitet weiterhin als Maurer bei der Firma Frank & Hummel. Er ist über die Wintermonate öfter arbeitslos. Um all die Arbeit und die Versorgung der Familie mit fünf Kindern stemmen zu können, leistet Ehefrau Maria einen erheblichen Beitrag. Sie bewirtschaftet, bis 1940 unterstützt von ihrem Schwiegervater Georg, den Bauernhof. Die Kinder müssen in der Landwirtschaft mithelfen. Wer fertig mit der Schule ist, konnte sich eine Lehr- oder Arbeitsstelle suchen.

Tochter Maria (Marl)

Die älteste Tochter Maria geht, nachdem sie eine Schneiderlehre abgeschlossen hat, schon bald nach München. Sie arbeitet dort zunächst im Haushalt. Schließlich bekommt meine Tante bei der Stadt München eine Stelle als Reinigungskraft in der Großmarkthalle, wo Händler Obst und Gemüse einkaufen können. Sie heiratet den geschiedenen Georg Stelle. Im Dezember **1973** stirbt sie an Darmkrebs. Der Verlust ihrer ältesten Tochter ist für die Mutter Maria ein schwerer Schicksalsschlag. Sie schafft es nicht, zur Beerdigung nach München zu fahren. Auch meine Mutter, Marias jüngste Schwester, ist untröstlich und vergießt viele Tränen. Sie hatte ein besonders herzliches Verhältnis zu ihrer älteren Schwester.

Hochzeitsfoto von Maria und Georg Stelle, 1958, Foto: Familienarchiv

Tochter Margareta (Gretl)

Die Familie Frankenhoff, bei der Tochter Margareta schon in Berlin gearbeitet hat, wandert nach Chile aus. Warum sie nach Chile gehen, ist mir nicht bekannt. Meine Tante bekommt von der Familie ein unvorhersehbares Angebot. Frau Frankenhoff schreibt nach dem Zweiten Weltkrieg an Margareta aus Santiago de Chile einen Brief und bietet ihr wieder eine Stelle im Haushalt an. Sie ist mit den einheimischen Hausmädchen unzufrieden. Margareta überlegt nicht lange und nimmt das Angebot an. Im DEZEMBER 1951 verlässt Gretl, wie sie von allen gerufen wird, mit ihrer 7-jährigen Tochter Greti Deutschland. Von Hamburg aus geht es mit einem Passagierschiff nach Santiago de Chile zur Familie Frankenhoff. Vier Wochen ist das Schiff unterwegs. Bis 1963 arbeitet Gretl bei den Frankenhoffs. Ihre Tochter Greti geht dort in eine deutsche Schule und macht 1963 das Abitur. Noch im selben Jahr heiratet sie den Deutschen Peter Duerr. Er arbeitet als IT-Fachmann bei IBM. Ihre Mutter Gretl bleibt noch in Chile, wohnt und arbeitet aber nicht mehr bei den Frankenhoffs. Sie betreut ältere Leute und hilft im Haushalt. Im SEPTEMBER 1972 kehrt Gretl nach Deutschland zurück. Sie verdient ihr Geld zunächst wieder als Haushaltshilfe. Dann bekommt sie im Kaufhof im Regensburger Donaueinkaufszentrum eine Stelle als Verkäuferin. Sie stirbt am 15. OKTOBER 2008.

Tochter Theres (Res)

Theres, von allen Res genannt, die dritte Tochter der Weinbecks, heiratet den Regensburger Hermann Rauh. Sie bekommt eine Tochter Therese, die alle Resi nennen. Die Familie lebt in Regensburg. Meine Tante arbeitet unter anderem als Verkäuferin in einem Zigaretten-Kiosk im Regensburger Hauptbahnhof. 1992 stirbt sie mit 72 Jahren an einer Krebserkrankung.

Theres Weinbeck, verheiratete Rauh,
Foto: Familienarchiv

Sohn Karl

Der jüngste Sohn Karl macht in Nürnberg eine Lehre als Fernmeldetechniker. Während des Zweiten Weltkriegs wird er als Funker in Russland eingesetzt. Er überlebt den Krieg und kommt zur Freude der Familie 1945 nach Hause. 1952 heiratet er die 23-jährige Donaustauferin Franziska Höpfl. Gerufen von allen nur Fanny. Bis zu seiner Rente arbeitet mein Onkel in Regensburg als Techniker beim Fernmeldeamt. Das Ehepaar bekommt zwei Kinder, Karl und Irene. Fanny stirbt mit nur 54 Jahren an den Folgen einer Krebserkrankung. Ehemann Karl kommt nur langsam über den Verlust seiner geliebten und fürsorglichen Ehefrau hinweg.

Tochter Barbara (Betti, Bettl)

Barbara Adlhoch als junges Mädchen, Foto: privat

Meine Mutter Barbara ist die jüngste Weinbeck-Tochter. Als Kind und Jugendliche wird sie von allen Betti genannt. Sie verehrt ihren Bruder Jak, weil er gut in der Schule ist und ins Gymnasium gehen darf. Auch ihr innigster Wunsch ist es, eine höhere Schule zu besuchen und Lehrerin zu werden. Ihre Volksschullehrerin ermuntert Betti dazu. Sogar die Schulleiterin, Frau von der Grün, spricht mit Bettis Eltern und empfiehlt ihnen, die Tochter unbedingt ins Gymnasium gehen zu lassen. Doch die Eltern lehnen ab. Die finanzielle Situation erlaubt es nicht, noch ein zweites Kind auf eine höhere Schule zu schicken. Der Vater ist außerdem der Meinung, sie würde sowieso heiraten und Kinder kriegen. Deshalb brauche sie nicht auf das Gymnasium zu gehen. Ihre Enttäuschung ist groß.

Betti hilft ihrer Mutter in der häuslichen Landwirtschaft. Sie besucht nach der Volksschule für zwei Jahre die Berufsschule. Damit hat sie ihre Schulpflicht erfüllt. Auch arbeitet sie in der Winterzeit in der Küche der Lungenheilstätte. Im November **1950** heiratet sie, im sechsten Monat schwanger, den Kaminkehrer Josef Adlhoch.

Er ist am **20. Mai 1926** auf einem Bauernhof in Orhalm bei Altenthann geboren.
Meine Eltern wohnen zunächst bei den
Eltern von Bettl, wie sie als Erwachse-
ne von allen genannt wird. **1953** ziehen
sie mit Tochter Marianne in eine kleine
Dachwohnung in die Donaustaufer Maxstraße. Sie bekommen noch drei Töchter:
Gerda, Renate und Brigitte

Hochzeitsfoto von
Barbara und Josef
Adlhoch, 1950,
Foto: privat

Maria Wein-
beck mit den
Enkelkindern
Gerda (Mitte)
und Marianne
Adlhoch, 1955,
Foto: privat

1959 ziehen meine Eltern von Donaustauf nach Roding. Die Kleinstadt liegt circa 40 Kilometer von Donaustauf entfernt. Dort arbeitet mein Vater bereits als Kaminkehrer. Meine Mutter stirbt am **4. FEBRUAR 2009** im Rodinger Krankenhaus an den Folgen einer Lungenembolie.

Barbara Adlhoch mit ihren vier Kindern, von links: Marianne, Brigitte, Renate, Gerda (Roding 1960), Foto: privat

Pfeife, Bier und Politik

Nach dem Zweiten Weltkrieg engagiert sich mein Opa politisch nicht mehr. Er arbeitet bis zur Rente **1947** als Maurer bei der Firma Frank & Hummel. Doch privat lässt meinen Opa die Politik nicht los. Fast täglich sitzt er abends in der Wohnstube bei seinem Schwager Georg Kollmannsberger. Dieser wohnt ganz in der Nähe und ist wieder für die SPD im Gemeinderat. Pfeife rauchend und Bier trinkend reden sie sich die Köpfe heiß, sodass sie die Zeit vergessen. Es kommt nicht nur einmal vor, dass Jakobs Frau Maria auftaucht und ihren Mann mahnt, endlich nach Hause zu gehen.

Jakob Weinbeck, links, vermutlich bei einem Treffen mit Arbeitskollegen (Familienarchiv)

Der jüngste Sohn von Jakob Weinbeck, mein Onkel Karl, bewahrt eine inzwischen oft von Familienmitgliedern ausgeliehene, legendär gewordene Schachtel mit Erinnerungsstücken, Dokumenten und Briefen auf. Einige davon sind hier abgebildet. Außerdem verwahrt er das Rasiermesser seines Vaters.

Karl Weinbeck mit Schwester Margareta Reichinger, Foto: privat

Der ausdauernde und engagierte fast neunjährige Einsatz meines Großvaters im Gemeinderat Donaustauf und sein Mut beim Eintreten für zwei SPD-Parteigenossen verdienen Bewunderung und uneingeschränkte Anerkennung. Schade, dass er sich nach dem Zweiten Weltkrieg nicht wieder politisch betätigte. Auch beschäftigt mich immer wieder die Frage, wie es meinem Opa, obwohl Nazi-Gegner, dabei gegangen ist, sich für Max Brandl, der Mitglied der NSDAP war, einzusetzen.

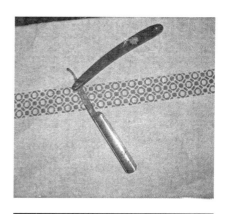

Rasiermesser von Jakob Weinbeck,
Foto: Marianne Hecht

Zeittafel von

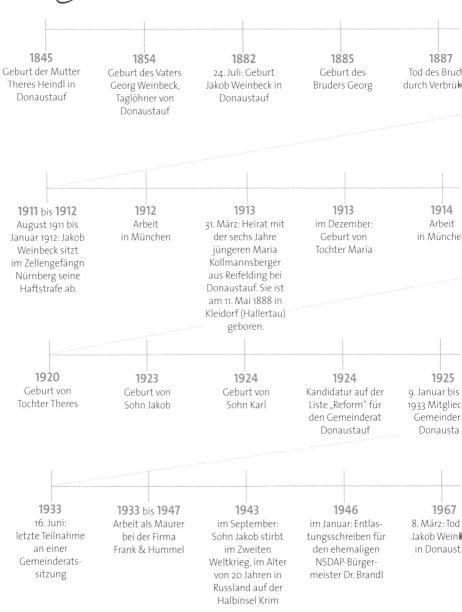

1845
Geburt der Mutter
Theres Heindl in
Donaustauf

1854
Geburt des Vaters
Georg Weinbeck,
Taglöhner von
Donaustauf

1882
24. Juli: Geburt
Jakob Weinbeck in
Donaustauf

1885
Geburt des
Bruders Georg

1887
Tod des Brud
durch Verbrüh

1911 bis **1912**
August 1911 bis
Januar 1912: Jakob
Weinbeck sitzt
im Zellengefängn
Nürnberg seine
Haftstrafe ab.

1912
Arbeit
in München

1913
31. März: Heirat mit
der sechs Jahre
jüngeren Maria
Kollmannsberger
aus Reifelding bei
Donaustauf. Sie ist
am 11. Mai 1888 in
Kleidorf (Hallertau)
geboren.

1913
im Dezember:
Geburt von
Tochter Maria

1914
Arbeit
in Münche

1920
Geburt von
Tochter Theres

1923
Geburt von
Sohn Jakob

1924
Geburt von
Sohn Karl

1924
Kandidatur auf der
Liste „Reform" für
den Gemeinderat
Donaustauf

1925
9. Januar bis
1933 Mitglied
Gemeinder
Donausta

1933
16. Juni:
letzte Teilnahme
an einer
Gemeinderats-
sitzung

1933 bis **1947**
Arbeit als Maurer
bei der Firma
Frank & Hummel

1943
im September:
Sohn Jakob stirbt
im Zweiten
Weltkrieg, im Alter
von 20 Jahren in
Russland auf der
Halbinsel Krim

1946
im Januar: Entlas-
tungsschreiben für
den ehemaligen
NSDAP-Bürger-
meister Dr. Brandl

1967
8. März: Tod
Jakob Wein
in Donaust

Jakob Weinbeck

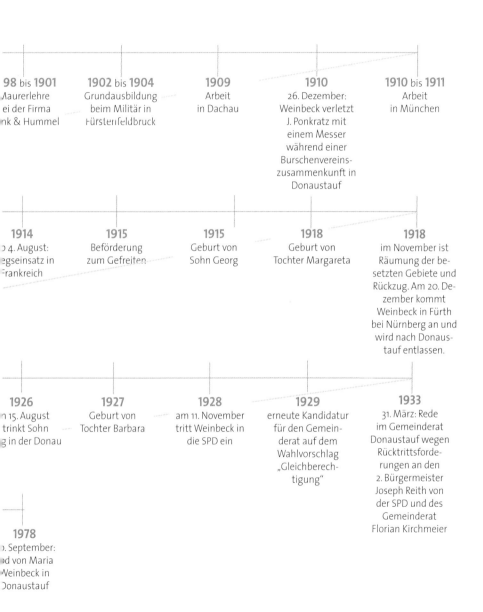

98 bis **1901**	**1902** bis **1904**	**1909**	**1910**	**1910** bis **1911**
Maurerlehre ei der Firma nk & Hummel	Grundausbildung beim Militär in Fürstenfeldbruck	Arbeit in Dachau	26. Dezember: Weinbeck verletzt J. Ponkratz mit einem Messer während einer Burschenvereins- zusammenkunft in Donaustauf	Arbeit in München

1914	**1915**	**1915**	**1918**	**1918**
4. August: egseinsatz in Frankreich	Beförderung zum Gefreiten	Geburt von Sohn Georg	Geburt von Tochter Margareta	im November ist Räumung der be- setzten Gebiete und Rückzug. Am 20. De- zember kommt Weinbeck in Fürth bei Nürnberg an und wird nach Donaus- tauf entlassen.

1926	**1927**	**1928**	**1929**	**1933**
n 15. August trinkt Sohn g in der Donau	Geburt von Tochter Barbara	am 11. November tritt Weinbeck in die SPD ein	erneute Kandidatur für den Gemein- derat auf dem Wahlvorschlag „Gleichberech- tigung"	31. März: Rede im Gemeinderat Donaustauf wegen Rücktrittsforde- rungen an den 2. Bürgermeister Joseph Reith von der SPD und des Gemeinderat Florian Kirchmeier

1978
. September:
d von Maria
Weinbeck in
Donaustauf

43 Personen in Schutzha
sung der bayerischen Staat
tag abend etwa 43 Angehör
Gewerkschaften und der KP
genommen. Unter den Verh
sozialdemokrat. Landtagsab
here Redakteur der soziali
Rothammer sowie Sekretär
ger Freien Gewerkschaftsv
Herrmann, M. d. R., Reg.-
lein, Sekretär Max Schina
der Prokurist der oberpfäl
Johann Seidl, der Bauun
frühere Stadtrat Josef Z
Belz, der frühere Vorsitze

06

Schluss

Militärische Daten

zu Jakob Weinbeck aus seinem Militärpass.
Truppe: 4. Bttr. [Batterie]:

20. UND 21. AUGUST 1914:
Schlacht in Lothringen

22. AUGUST – 14. SEPTEMBER 1914:
Schlacht vor Nancy/Epinal

19. SEPTEMBER – 30. SEPTEMBER 1914:
Auf den Maashöhen

1. OKTOBER 1914 – 1. JANUAR 1915:
Im Bois-Brule

2. JANUAR – 3. APRIL 1915 und **7. APRIL – 8. OKTOBER 1915:**
Höhen von Apremont

4. APRIL – 6. APRIL 1915:
Im Priesterwald

MAI 1915:
Angriff im Ailly-Wald

7. JULI 1915:
Angriff Kuhkopf

7. OKTOBER 1915 – 22. JULI 1916:
Wald von Apremont und Ailly

10. JUNI – 13. JULI 1916:
Schlacht bei Verdun

14. JULI – 15. OKTOBER 1916:
Schlacht an der Somme

23. JULI – 8. OKTOBER 1916:
Stellungskämpfe im Artois

9. OKTOBER 1916 – 3. MAI 1917:
Stellungskämpfe im franz. Flandern

4. MAI – 20. MAI 1917:
Frühjahrsschlacht bei Arras

21. Mai – 7. Juli 1917:
Stellungskämpfe im Artois

28. Juni 1917:
Gefecht bei Oppy

8. Juli – 7. August 1917:
Z.[Zur] Verfüg.[Verfügung] d.[der] OHL [Obersten Heeresleitung]

8. August – 3. Dezember 1917:
Schlacht in Flandern

8. August – 17. September 1917:
II. Teil, Sommerschlacht 1917 in Flandern

18. September – 3. Dezember 1917:
III. Teil, Herbstschlacht 1917 in Flandern

4. Dezember – 29. Dezember 1917:
Stellungskämpfe im franz. Flandern

30. Dezember 1917 – 3. März 1918:
Zur Verfügung der OHL

4. März – 20. März 1918:
Vorbereitungszeit f. d. große Schlacht i. Frankreich

21. März – 6. April 1918:
Große Schlacht in Frankreich

27. März – 2. Mai 1918:
Kämpfe an der Ancre, Somme und Avres

21. und 22. März 1918:
Durchbruch zwisch. Gouzeaucourt und Vermand

23. März – 26. März 1918:
Verfolgungskämpfe im Somme-Gebiet

24. März 1918:
Kämpfe bei Bouchavesnes u. Erstürmung d. Marrieres-Waldes

25. März 1918:
Erstürmung der Höhen bei Maurepas

27. März 1918:
Somme-Übergang bei Cipilly

28. März – 5. April 1918:
Durchbruch durch die Stellung bei Hamel östl. Amiens

24. April – 26. April 1918:
Schlacht bei Villers-Bretonneur an Luce u. Avres

3. Mai – 16. Mai 1918:
Z. Verf. d. OHL

17. Mai – 26. Mai 1918:
Stellungskämpfe nördliche der Aillette

27. Mai 1918:
Schlacht b. Soissons u. Reims und Erstürmung der Höhen
b. Chemin des Dames

28. Mai – 1. Juni 1918:
Z. Verf. d. 7. Armee

2. Juni – 13. Juni 1918:
Angriffskämpfe westl. und südwestl. von Soissons

14. Juni – 23. Juni 1918:
Stellungskämpfe zwischen Oise und Marne

24. Juni – 1. Juli 1918:
Z. Verf. d. 7. Armee

2. Juli – 14. Juli 1918:
Stellungskämpfe zwischen Oise und Marne

15. Juli – 17. Juli 1918:
Angriffsschlacht a. d. Marne u. i. d. Champagne

18. Juli – 25. Juli 1918:
Abwehrschlacht zwischen Soissons u. Reims

26. Juli – 31. Juli 1918:
Bewegl. Abwehrschlacht zw. Marne u. Besle

1. August – 10. August 1918:
Z. Verf. d. OHL abgest. z. Heeresgr. Deutscher Kronprinz

12. August – 13. September 1918:
Z. Verf. d. OHL abgest. z. Heeresgr. Herzog Albrecht

14. September – 22. Oktober 1918:
Stellungskämpfe im Oberelsaß

25. Oktober – 4. November 1918:
Kämpfe vor und in der Hermannstellung

5. November – 11. November 1918:
Rückzugskämpfe v. d. Antwerpen-Maasstellung

12. November – 20. November 1918:
Räumung d. besetzten Gebiete und Rückzug.

MEINE VISION

Da ist er. In Marmor gehauen. In Weiß. Mit seinem typischen hochgezwirbelten Schnauzbart. Die Haare kurzgeschnitten. Was für ein selbstbewusstes Gesicht in dieser steinernen Sammlung bedeutender Persönlichkeiten. In der Walhalla, in der Nähe seiner Geburtsstätte. Als Büste Nummer 31333 thront er alleine auf einem Sockel. Darunter eine Tafel mit Worten, die ihn würdigen und die informieren:

Jakob Weinbeck

> In Erinnerung an den Donaustaufer Gemeinderat, der am **31. MÄRZ 1933** gegen Willkür mutig Widerstand leistete.

Ein Maurer in der Donaustaufer Ruhmeshalle?
Soweit meine Vision.

DIE REALITÄT

Jakob Weinbeck, am **24. JULI 1882** in Donaustauf geboren, ist heute fast vergessen. Zu seinem 55. Todesjahr bzw. seinem 140. Geburtsjahr soll im Jahr 2022 mit diesem Buch an sein Leben, seinen Mut und seinem Einsatz während der NS-Zeit erinnert werden.

Doch wie wird man dem Leben und Wirken meines Opas Jakob Weinbeck gerecht?

Diese Frage begleitete mich während meiner Recherchen und während des Schreibens. Schlagworte wie Widerstand und Mut, aber auch Resignation und Enttäuschung gingen mir immer wieder durch den Kopf.

Er hatte einen eigenen Kopf. Schweigen, wenn ihm etwas gegen den Strich ging oder er etwas als ungerecht empfand, war für ihn keine Lösung. Ein Gefühl von Recht und Unrecht führte zu seiner mutigen Widerstandsrede am **31. MÄRZ 1933** im Donaustaufer Marktgemeinderat. Er wollte die Entscheidung, dass zwei SPD-Parteigenossen zurücktreten sollen, angeordnet von der NSDAP-Kreisleitung in Regensburg, nicht akzeptieren. Die Erinnerungen sind immer geprägt von Auslegungen und Interpretationen. Wer weiß schon noch genau, wie es wirklich gewesen ist? Das Ereignis im Gemeinderat ist gut mit den recherchierten Quellen dokumentiert. Die Umstände der Abholung und Schutzhaft sind nur mündlich überliefert. Dass er beinahe ins KZ gekommen wäre, ist wieder schriftlich festgehalten.

Das so entstandene Bild von Jakob Weinbeck soll der Nachwelt erhalten bleiben. Es beinhaltet in meiner Biographie über ihn auch Unvorteilhaftes. Der Held hat „Makel". Er wird wegen einer Messerstecherei zu einer sechsmonatigen Haftstrafe verurteilt. Die Familie charakterisiert ihn als leicht aufbrausend.

Es sind nur ein paar Minuten. Geht man von seinem Geburtshaus zum Friedhof. Dort findet man ein schlichtes Grab, ohne Hinweis auf sein politisches Engagement. Gestorben am **8. MÄRZ 1967**. Ein stilles Gedenken.

Gerda Adlhoch, 22. August 2022

Dank

Mein Dank gilt allen, die mir mit viel Geduld Fragen beantwortet und Unterlagen zur Verfügung gestellt haben.

Wertvolles Material erhielt ich vom Staatsarchiv in Amberg, dem Kriegsarchiv in München, der Bayerischen Staatsbibliothek in München, dem Stadtarchiv in Regensburg, dem Stadtarchiv in München und der Staatlichen Bibliothek in Regensburg.

Bei den Recherchen haben mich meine zwei Schwestern Marianne Hecht und Brigitte Adlhoch tatkräftig unterstützt. Sie stellten mir Dokumente, Fotos und Graphiken zur Verfügung. Außerdem begleiteten sie die Arbeit durch intensive Gespräche.

Unkomplizierte Einsicht in die Gemeinderatsprotokolle gewährte mir der Bürgermeister von Donaustauf, Jürgen Sommer. Er überließ mir Kopien, die teilweise im Buch abgebildet sind. Außerdem konnte ich mir von dem Mitgliedsausweis meines Opas, den die SPD Donaustauf aufbewahrt, eine Kopie machen. Nochmals herzlichen Dank dafür.

Gabi Seifert und Eberhard Baer danke ich für die Korrekturen und Anmerkungen.

Ein ganz besonderes Dankeschön möchte ich meinem Onkel Karl, dem Sohn von Jakob Weinbeck, aussprechen. Er beantwortete immer wieder geduldig meine vielen Fragen. Außerdem lieh er mir die in der Familie inzwischen legendär gewordene Schachtel aus, sein „Familienarchiv". Er hat mir die Persönlichkeit meines Opas nähergebracht.

Literatur- und Quellenverzeichnis

A. Archive/Bibliotheken

1. Bayerisches Hauptstaatsarchiv München,
   Abt. IV, Kriegsarchiv.
2. Bayerische Staatsbibliothek München.
3. Familienarchiv Adlhoch/Hecht/Weinbeck.
4. Staatliche Bibliothek Regensburg.
5. Staatsarchiv Amberg.
6. Stadtarchiv München.
7. Stadtarchiv Regensburg.

B. Sekundärliteratur

1. Bayerische Ostwacht, südl. Oberpfalz. Juli 1933
   (Staatliche Bibliothek Regensburg).
2. Brantl-Schwaiger: Mein Großvater Rudolf Thum. Spuren eines
   bewegten Lebens in Ostbayern 1900 – 1970.
   Regenstauf 2020.
3. Conze, Eckart: Schatten des Kaiserreichs. Die Reichsgründung
   von 1871 und ihr schwieriges Erbe. München 2020.
4. Donau-Post Nr. 34,1924.
   (Bayerische Staatsbibliothek München).
5. Donaustauf. Moderne Marktgemeinde mit großer Vergangenheit. Redaktion: Hermann Hage. Hrsg. v. Markt Donaustauf. Regensburg 1994.

6. Die Weimarer Republik. GEO EPOCHE. Das Magazin für Geschichte. Nr. 27. Hrsg. von Peter-Matthias Gaede. Hamburg 2007.

7. Der Nationalsozialismus. Dokumente 1933–1945. Hrsg. von Walter Hofer. Frankfurt/M. 1982.

8. GEO EPOCHE. Das Magazin für Geschichte. Die Weimarer Republik. Heft Nr. 27. Hrsg. von Peter-Matthias Gaede. Hamburg 2007.

9. Halter, Helmut: Stadt unterm Hakenkreuz. Universitätsverlag 1994.

10. HDBG Magazin Nr. 5 – Bayernausstellung. TEMPO, TEMPO BAYERN IN DEN 1920ERN: Hrsg. von Richard Loibl. Regensburg 2020.

11. Kronenbitter, Günther und Pöhlmann, Markus (Koord.): Bayern und der Erste Weltkrieg. München: Bayerische Landeszentrale für politische Bildungsarbeit [o. Erscheinungsjahr].

12. Leidinger, Hannes und Moritz, Verena: Der Erste Weltkrieg. Wien u. a. 2011.

13. März, Peter: Der Erste Weltkrieg. Stamsried 2008.

14. Münkler, Herfried: Der Große Krieg. Die Welt 1914–1918. Bonn 2014.

15. Regensburger Anzeiger. 49. Jahrgang. Vorabend-Blatt Nr. 303. 20. Juni 1911.

16. Regensburger Anzeiger. März–Juli 1933 (Staatliche Bibliothek Regensburg).

17. Remarque, Erich Maria: Im Westen nichts Neues. Köln 1999.

18. Tischler, Günter: Dokumente der Ausstellung „100 Jahre SPD-Ortsverein" vom Oktober 2019.

19. Weidermann, Volker: Träumer. Als die Dichter die Macht übernahmen. Köln 2017.

20. Winkler, Heinrich August: WEIMAR 1918–1933. München 2019.

GERDA ADLHOCH wurde 1954 in der Donaustaufer Maxstraße geboren. Nach dem Abitur 1978 studierte sie an der LMU in München die Fächer Deutsch und Sport für das Lehramt an Realschulen. Ab Februar 1985 arbeitete sie bis zur Pensionierung an der Staatlichen Realschule Neutraubling. Von 2015–2020 absolvierte sie an der LMU ein Zweitstudium mit dem Abschluss *Bachelor of Arts*.